EL CARTEL DE CALI

Raul Tacchuella

Copyright © 2020 John Galeano
Todos los derechos reservados ©John Galeano 2020
Ninguna parte de este libro puede reproducirse, almacenarse en un sistema de recuperación, o transmitirse de cualquier forma o por cualquier medio, electrónico, mecánico, fotocopiado, grabación u otro, sin el permiso expreso por escrito del editor.

Cover design by: Renso Ventura

Indice

Introducción	7
1 Caminando por las calles de tierra	11
2 Los lujos que nos dimos	19
3 Conozcamos algunos de los miembros	25
4 Formas en las que exportamos la mercancía	39
5 Los alcances de la esfera económica	43
6 Los Narcocassetes	47
7 Estructura del Cartel de Cali	55
8 Guerra con el Cartel de Medellín	59
9 El error de contratar a José Salcedo	67
10 La caída de Pacho Herrera	71
11 Captura de Gilberto Rodríguez Orejuela	73
12 Captura de Miguel Rodríguez Orejuela	79
13 Captura de José Santacruz Londoño	83
14 Luego de atrapados	87
15 Droguerías La Rebaja	91
16 A modo de conclusión, el fin de una era	99

Raul Tacchuella

Introducción

Cuando hablan de narcotráfico en Colombia, siempre veo que la gente relaciona todo con Escobar, esto en PNL sería un ancla, la sociedad, los medios, todo, relaciona al narcotráfico con ese individuo. Pero les debo decir algo, se los tengo que aclarar: El Cartel de Cali era mil veces mejor que el de Medellín, movimos más plata, ganamos más, sobornamos con maestría y éramos unos empresarios. Además…

La plata que hicimos, los miles de millones que ganamos, no ha sido incautada, no se esfumó, está en caletas sofisticadas que ninguna autoridad ha encontrado, dicen los expertos que está en bancos suizos, sí, una parte allá, otra se quedó en Colombia y alguna en lugares importantes, ni hablar del dinero que terminó en bancos propios, droguerías y sitios puntuales.

El Cartel de Cali tenía su toque de genialidad.

¿Quién soy yo? Alguien que estuvo desde los inicios en esta empresa, desde antes que Colombia escuchara la palabra cocaína, desde antes de las guerras, desde antes de todos, soy las raíces del cartel, mi nombre no figura en ninguna parte, tal vez se ha asomado en alguna noticia antigua, pero de nivel menor.

Para ser sincero, me había jubilado, tengo mi dinero, ahorros que guardé durante toda mi vida y he notado cómo en los medios han salido libros del cartel de Medellín, la periodista amante del hombre escribió un libro, el sicario menor escribió otro y hasta se declaró leyenda viva del Cartel, sacaron series del narco, una que era bastante cercana a lo que sucedió, que fue la que protagonizó Andrés Parra y la de Netflix, una ridiculez, con el Escobar hablando con acento portugués. En fin, han prostituido el tema.

El Cartel de Cali lo nombran solo para decir que somos los que le armamos la guerra a Escobar y bueno, tenemos el honor de haberlo derribado, eso nadie nos lo quitará.

Pero somos más que los ejecutores de Pablo, somos una organización que hubiéramos sobrevivido si nos hubiéramos mantenido como estábamos, escondidos, de bajo perfil, sin casarnos con el Estado para darle cacería a Escobar.

¿Por qué es tan famoso el cartel de Medellín? Por lo sanguinario, algunos ríen las gracias de las fiestas y lujos del hombre, pero todos los narcos se dan esas vidas, solo que este sale a la palestra porque un día le da por meterse a político y luego, no bastando con eso, para callar a quienes le señalaban, le da por ponerse a matar a todo mundo, desde gente pequeña como abogados y magistrados, hasta chivos como ministros y candidatos presidenciales.

¡Claro que hizo fama!

Pero yo, vengo a narrar mi parte de la historia, la historia real y fidedigna del Cartel de Cali, nuestros inicios, historia y muestra de cómo logramos desde la nada, llegar a ser un cartel sólido, que manejó miles de millones anuales, triplicando en producción y distribución a los de Medellín.

Este cartel se hubiera mantenido presente si no le hubiera declarado la guerra a Pablo Escobar, ese fue el grave error, porque salió a la luz la guerra de los carteles y nosotros que hasta ahora habíamos sido bajo perfil, comenzamos a ser peligrosos y aquellos con quienes almorzábamos en restaurantes de lujo y le soltábamos una buena plata, luego procedieron a darnos cacería.

Para que comprendan la historia del Cartel de Cali, iré desde el inicio, cuando los Orejuela andaban por sus barrios pobres caleños y eran respetados por su peligrosidad, hasta el crecimiento, poco a poco, y terminar siendo vendedores de cocaína y unos "respetables" empresarios caleños.

Mostraré la cúspide de ellos, cómo les fue en esto y luego, el por qué se inició la guerra contra el Cartel y fueron llevados a rebajarse al nivel de crueldad de Escobar.

Aunque cuidado, otra matriz de opinión que existe sobre los de Cali, es que ellos eran buenos, empresarios, y el malo era Escobar, pero no es así, bastantes muertos que tiene encima el Cartel de Cali, solo que cada muerto era lanzado al río o desaparecido para que no llamara la atención, pero el crimen y la muerte estuvieron presentes en toda su historia y por eso eran temidos.

Narco que no sea sanguinario no dura, en esto hay que ser muy claros, la sangre genera respeto. Cuando eres bueno y no le quieres hacer daño a nadie, toda la línea de producción se debilita, el distribuidor dice que se le perdió droga, los envíos al exterior se desaparecen, alguno con tendencia a abrir la boca, la abre y dice lo que no debe.

Pero un descuartizamiento estratégico, que lo sepan solo los que tienen que saberlo, genera miedo y se sabe que, si desaparece algo o se pone a afectar al Cartel, entonces la cobra.

Este cartel fue tan peligroso como cualquier cartel y no de gratis aún su presencia se siente en el valle, presente por los negocios, que no solo están allí sino en todo el país y por el dinero que se va ganando a lo largo de la historia y que está disponible para muchas familias.

Aunque los líderes del Cartel cayeron y pagaron algunos de sus crímenes, esto es como una telaraña, atrás se mantienen muchos otros actos delictivos, asesinos, negocios y sobornos que pocos conocen.

Cuando tienes dinero casi de forma infinita compras lo que se te dé la gana, desde voluntades hasta lujos supuestamente prohibidos.

Conoce de primera mano la verdadera historia del Cartel de Cali, contada por mí, alguien que los vio crecer de cerca y aunque nunca figuré, siempre estuve bajo perfil, si fui mano derecha de todos ellos.

Si quieren tener una idea de quién soy, pueden verme como el Alfred de Batman, clave, pero anónimo, así puedes tener una certeza de que vi de cerca todo el crecimiento de la organización, porque fui el Alfred desde que andaba en pantaloneta y descalzo por el barrio donde estaban los líderes, hasta terminar en casas de lujo, al lado de mis patrones, obedeciendo las órdenes de ellos y creciendo hasta los niveles que llegamos.

Raul Tacchuella

1 Caminando por las calles de tierra

En un barrio popular de Cali, un día, de la nada, comienzan a crecer unos individuos, estos van resaltando, no porque pertenecieran a la banda musical de la ciudad y se les viera bajar cada tarde con el estuche del instrumento en la espalda, no, tampoco porque se habían metido a monaguillos para estudiar y hacerse sacerdotes.

No era para nada bueno, comenzaron a meterse en crímenes pequeños, aunque no tan pequeños como robarle la cartera a una señora o atracar al hombre que viene del trabajo, eran lo suficientemente grandes para darse cuenta que eran unos tipos peligrosos.

Ellos comenzaron cometiendo delitos grandes, asaltaron un par de bancos, dieron golpes grandes en joyerías y lo que más destacaba era que se dedicaban a trabajar organizados, como una empresa en todo, cada miembro tenía una tarea asignada y se debía cumplir a rajatabla.

Lo organizado salía bien, lo improvisado generaba errores. Eran unos hombres de apellido Rodríguez, hermanos, que tenían a su lado a otros, que le ayudaban y que iban cambiando cada tanto o los mataban, los nombres que no dejaban de sonar eran los de Gilberto, el apellido Rodríguez y también el Orejuela, se hablaba de algo llamado Los Chemas, y pronto se estableció que eran gente peligrosa y hasta los bandidos le respetaban, estaban por sobre los demás.

En esas llegué yo a ellos y comencé a formar parte de la organización, haciendo trabajos menores y ganándome la simpatía de los hermanos, que, aunque eran peligrosos, también eran unos buenos hombres, colaboradores y leales con los suyos, si le buscaban pelea, pues peleaban, pero si les respetabas, nunca te harían daño.

Aunque el nombre Chema se remonta no a Cali, sino a Pasto, la razón de esto es que, entre otras cosas, Los Chemas, como decidió llamarse esta organización, se dedicaba a secuestrar a gente pesada y pedir rescate, el nombre de Gilberto Rodríguez sonaba en boca de las autoridades, lo que pasa es que eso luego lo desaparecieron, pero su nombre era mentado, así como su alias "El Chamizo".

Todo va sucediendo en paralelo, porque mientras Los Chemas van creciendo, la droga llegaría a ellos más adelante, explico otros hechos para ir creando un contexto y que comprendan por qué terminaron traficando droga.

Todo comienza con la organización en el Valle del Cauca que lleva en manos el colonizador Benjamín Herrera Zuleta, al que llamaron el Papa Negro de la Cocaína, este era un veterano traficante que metieron preso en 1974 en Estados Unidos, pero se escapó y se estableció en Cali, tuvo de manera efímera una red de distribución de la base de coca que metía al país y luego de refinarla la mandaba a Estados Unidos.

Allí poco después es capturado con una cantidad inmensa de cocaína y lo meten preso, pero queda libre poco después. Entonces decide irse de Cali y se establece en Antioquia donde entra a la organización de Martha María Upegui de Uribe, si, la que tiene sangre del que luego sería presidente y aún es dueño de Medellín. Este abre rutas para el narcotráfico a Estados Unidos, pero pone su base en Argentina, donde por cierto es solicitado desde hace mucho.

Ahora que tenemos este precedente, les puedo hablar de esto, los herederos de esto son Los Chemas, que es como se manejaba hasta 1970 como nombre a quienes luego serían El Cartel de Cali. Los nombres de ellos era Gilberto José alias el Ajedrecista y Miguel Ángel Rodríguez Orejuela, y José Santacruz Londoño, alias El Estudiante.

Esta banda estuvo ligada a muchos secuestros, uno de los más famosos es cuando secuestran a los ciudadanos suizos, el diplomático Hermann Buff y el estudiante Werner José Straessie.

Los hermanos Rodríguez en esta área del delito de secuestro eran los ejecutores, los que hacían a acción, pero la autoría de esto se la endilgan a Luis Fernando Tamayo, otro de los bandidos de entonces.

Hay una noticia que rescaté de la hemeroteca con fecha del 25 de octubre de 1969, que dice:

"Entre las capturas. . . figuran las de José Sabas Calderón Castro, alias 'El Negro', de quien se presume sea el jefe de 'Los actuantes', su mujer Celedonia Rodríguez de Calderón, y su yerno, José Rafael Ruiz Villarreal, Gilberto Rodríguez Orejuela, apodado 'El Chema', hombre de confianza de Calderón, Miguel Aguilar, administrador de las propiedades de éste, y Alberto Villegas Yepes, apodado 'El Loco'."

La prensa le daba importancia a José Santacruz Londoño, El Estudiante, y a los socios Juan Nepomuceno Fernández Domínguez y Edelio Pastrana Montoya.

También se habla por entonces de Santacruz donde dicen que es un hombre de 27 años, con una hija pequeña, que cursa estudios de Ingeniería en la Universidad del Valle hasta 1967 y luego estudiaba en la Universidad de Los Andes en Bogotá, vivían en un edificio y el hombre tenía relación con secuestros del universitario Carlos Eduardo Barón Fernández y del economista e industrial Joaquín Lozada, todo sucedido en Bogotá.

El nombre de los Rodríguez Orejuela, sale por otro de los involucrados en el secuestro, Edelio Pastrana Montoya, que decía que Pastrana Montoya había vivido en una casa donde funcionaba una droguería de nombre Monserrate en la carrera 13 y que era propiedad de Gilberto Rodríguez Orejuela, alias Chema, persona que por cierto estuvo detenida entonces.

Todos esos involucrados los meten presos, pero todo este expediente se limpió, porque de lo sucedido en esta época no hay documentos que acrediten su culpa ni nada de esto que les cuento ahora mismo, se las narro porque lo vi de cerca y sé que sucedió, pero si es por estas leyes nacionales, aquí no ha pasado nunca nada.

Todo esto a pesar de que en Pereira estuvieron metido en un proceso penal por falsificar dólares y claro, para que esto no pasara a más, por entonces esos hombres eran del tipo Escobar, donde a punta de amenazas hacían que los jueces rectificaran y no avanzaran con el proceso.

Ya luego de todo esto que he contado, comenzaría el trabajo de Los Chemas con la droga, ellos comienzan a llevar personalmente al Valle cantidades bajas de base de coca que traían del Perú. Esto lo combinaban con secuestros y el dinero comenzaba a fluir con más constancia, como buenos inversores que eran, lo primero que se compraron fue una avioneta, allí comenzaron a llevar grandes cantidades de base de coca que luego la pasaban a sus refinerías en Nariño, Cauca y Valle.

Pero es que, aunque estos hombres parecían moverse impunemente ya sus nombres resonaban por varios lugares, como el servicio de inteligencia de la Aduana que los citaba, todo por el tema del narcotráfico.

En el año 75 es atrapado Gilberto Rodríguez con 180 kilos de pasta de coca traída del Perú, lo traía en una avioneta con matrículas N271. El propietario de esta era Tulio Enrique Ayerbe, quien era miembro de una familia muy conocida en el Valle del Cauca. Las iniciales TEA sirvieron para detectar la organización entera del transporte de cocaína y el lavado de dólares del Cartel de Cali.

En el 76 retienen una avioneta en Perú, traían pasta de coca y los tripulantes dijeron que trabajaban para un tal Víctor Crespo, este es uno de los alias de José Santacruz Londoño. También ha usado los nombres de Chepe Santacruz, Antonio Velosa, Pedro Pmales, Ramón Palacios, José Ángel Ortiz y José Bolívar Valera.

Por su parte Gilberto Rodríguez Orejuela ha usado el de Fernando Gutiérrez, aunque más que un alias es el nombre de un testaferro poderoso en muchos negocios. Gilberto también utilizó los alias Roberto Matarraz y Gilberto González Linares.

Tal como hicieron los Ochoa en el cartel de Medellín, Gilberto Rodríguez encargó a un amigo suyo de la infancia de nombre Hernando Giraldo que abriera contactos en Estados Unidos y esto abre el camino para transportar mucha droga con una buena cantidad de millones en pocos meses, en menos de diez meses ya ganábamos 26 millones de dólares, aunque esto sería una mugre en un diente para lo que ganaríamos después.

Para el último año de la década de los setenta, se da un allanamiento en Queens, Estados Unidos y dan con 15.857 gramos de cocaína, 1.276 gramos de base de coca y más de 40 armas (incluyendo ametralladoras, pistolas automáticas, revólveres, silenciadores, y un manual de demolición).

Esto es nada con lo otro que hallaron: un sello de TEA Manufactoring Co. Esta es una empresa fachada, que tenía depósitos en la cuenta de la sociedad Sandra Ana S.A. inscrita en Panamá y que servía para sacar plata. Allí el único dueño que aparecía era José Santacruz Londoño.

En este allanamiento dieron con otras cosas como recibos de consignación del mismo Santacruz en el Manufacturer Hannover Trust; de Gilberto Rodríguez en el Chase Manhattan Bank (26.000 dólares en un período de cuatro días en junio de 1979); de Miguel Rodríguez Orejuela en el mismo banco, por 8.000 mil en ese mes.

Todos estos contactos estaban encaminados, por entonces Gilberto Rodríguez era el dueño, junto con Jorge Luis Ochoa de un banco en Panamá, el First Interamericas Bank, por donde canalizaban una gran parte de las ganancias logradas en Estados Unidos. Metían en Colombia una cantidad importante de dinero con las filiales de los bancos colombianos en este país, tal como sucedió varias veces con el Banco Cafetero. Más de 30 empresas reciclaban dinero hasta borrar cualquier mancha de dinero sucio.

Todo marchó genial, hasta que el Cartel de Cali tuvo una detención de una de sus piezas principales, que se encargaba de lavar dólares, el japonés Ishido Kawai, dueño en Colombia de unas joyerías de ese nombre a quien le consiguieron unos tres millones de dólares en efectivo que llevaba encima.

Al parecer Kawai, quien fue encerrado en Nueva York, habló sobre la organización y a los días allanaron una finca de Alabama que era de Rodríguez Orejuela donde habían puesto una pista de aterrizaje para las avionetas llenas de cocaína.

Por esa época Santacruz Londoño también estuvo a punto de ser capturado, pero se salvó por los pelos.

En una serie de investigaciones que le siguieron, llegaron a una empresa llamada Jaime Carvajal Intercontinental Investment Enterprises Inc. Que se encargaba de fabricar puertas de madera que traía tablones a Colombia, eso fue idea de los hermanos para lavar dinero, la pusieron en un inmueble que era de un amigo de la familia y estaba por la vía Buenaventura y figuraba como la sociedad The Atlantic Lumber Co., que tenía su sucursal en Baltimore, Maryland.

Lo mejor es que esto no era solo para lavar dinero, sino que tenía también su ciencia y es que en el interior de estos trozos de madera que eran de tres metros de largo por 10 centímetros de ancho, metían bolsas con más de dos kilos de cocaína cada una.

La empresa de Maryland estaba a nombre de Jorge Suarez y Miguel Barbosa, quienes en realidad eran Santacruz Londoño y José Patiño, quien era por entonces el mayor distribuidor de Nueva York.

Todo esto fue conduciendo a Daniel Ocampo, capturado a finales de enero de 1980 con 300 mil dólares, con documentación que mostraron que tenía operaciones de cocaína que pasaban los dos millones de dólares al mes y allí salieron un par de paisanos más, Luis Ibargüen y Manuel Vásquez.

Santacruz Londoño volvió a Cali y entonces el jefe, el propio Gilberto Rodríguez salió a Estados Unidos para controlar la red de distribución.

Nos quedamos nosotros en Colombia, con Miguel al frente, quien por entonces adelantaba una gran penetración en el país, penetrando en las esferas sociales del país, tenía de su lado al periodista Alberto Giraldo, que era el relacionista público y se la pasaba de un lado al otro con altos funcionarios del Estado.

A Daniel Ocampo le intervienen el teléfono en 1980 lo que lleva a muchas comunicaciones detectadas, pero las más interesantes las que hacía al Hotel Waldorf Astoria en Nueva York. Cuando se investigó quien respondía del otro lado era Fernando Gutiérrez, cuando atrapan a Ocampo las habitaciones son canceladas y allí no queda nadie.

La cuestión es que Gutiérrez cometió un grave error y es que dejó registrada su dirección de Florida, el número 1 de Grove Island. La telefónica tenía una llamada hecha por Tulio Enrique Ayerbe, desde su apartamento en Brooklyn y hecho a la misma residencia.

El administrador de este edificio de Grove Island identificó por medio de una fotografía a Santacruz como visitante constante de Fernando Gutiérrez y luego esa misma foto cambia el nombre al verdadero: Gilberto Rodríguez Orejuela. Me he estado yendo de un lado al otro en los hechos, pero tengan presente que estoy aún temprano en toda esta historia, era apenas principio de 1980.

El teléfono de Rodríguez está interceptado y se identifican llamadas a la Intercontinental y a una nueva sociedad J.M. Enterprises, que estaba a nombre de un tal Jaime Muñera.

Mientras tanto se había localizado un apartamento nuevo, esta vez era de Tulio Enrique Ayerbe, y estaba a nombre de Lorgio Zambrano, esto lleva a que se incauten 125188 gramos de cocaína y descubren un nuevo contacto, aquí que suenen los timbales, porque se viene fuerte: Diego Marulanda.

En el allanamiento se encuentran registros de transacciones de cocaína por 490 kilos distribuidos en Nueva York, Los Ángeles y Miami, a Ayerbe les condenan a doce años de prisión, Marulanda, Mulera y Gilberto Rodríguez ponen pies en polvorosa y dejan Estados Unidos.

Por esa época, todos los que estaban en el Cartel de Cali, estaban identificados, me refiero a los altos capos. Sin embargo, seguíamos funcionando sin problema alguno.

El dinero lo seguíamos manejando y lavando, siempre con la misma organización, había una empresa para ello que era propiedad de Osear Cuevas.

Lo bueno de los Rodríguez es que siempre nos hemos codeado con gente poderosa, en algunas ocasiones yo tuve que asistir a almuerzos, o atender a ciertas personas para hacerles la pelota y mostrar nuestro respeto y buscando su apoyo para con nosotros. Es importante aclarar que estos apellidos jamás han sido tocados y hoy, herederos de ellos e incluso algunos de ellos siguen siendo eminencias respetadas, ejemplo de integridad y honradez. Sí claro.

El único que hizo bulla y andaba loco por atraparlos a todos, terminó muerto, esto fue el Coronel Ramírez, quien Escobar mataría sin piedad porque le había acabado el paraíso de droga que tenía en el monte, Tranquilandia y también porque andaba ansioso por atraparlo, el hombre le dio trabajo, pero finalmente lo mató. Nosotros no estábamos de acuerdo con que mataran a la gente del Estado, pero vaya que nos hizo un favor cuando sucedió, porque se fueron silenciando y esto fue un alivio.

Recuerdo cuando Ramírez dijo:

"A través de mi trabajo en el control de drogas, he podido notar que en el Valle hay grandes traficantes que no han sido tocados en las investigaciones y demás acciones que se han llevado a cabo en otras regiones del país".

"Podemos decir que allí no se ha atacado a la mafia. Las circunstancias que rodean el tráfico de drogas dentro de esa región del país ha sido pura especulación, aunque tenemos anónimos e informaciones que hacen ver que el problema es bastante delicado".

"Allí participan (en el tráfico de narcóticos) muchos elementos vinculados al gobierno, a los partidos políticos, a la Policía y al Ejército, así como a la sociedad del Valle".

"Digamos - decía Ramírez -, que no ha habido decisión para emprender una gran campaña contra esas organizaciones que operan en el Valle del Cauca, tal vez por falta de medios o de tener gente líder en esa zona del país, que afronte las consecuencias de una campaña de esta naturaleza.

El hombre quería echarnos el guante, pero Escobar le estaba dando bastante dolor de cabeza y se protegía de que no le mataran, al final lo lograron y nos quitamos a ese hombre de encima. Era incorruptible y deseaba con todas las fuerzas acabarnos.

Está comprobado que todo aquel líder que quiera ser honesto termina muerto, en Colombia, o recibes el dinero o te mueres. Bien lo diría un filósofo muerto "Plata o plomo" nunca fue tan cierto esto, el que se las diera de honesto terminaba muerto.

Raul Tacchuella

2 Los lujos que nos dimos

Desde siempre a los hermanos Rodríguez Orejuela les gustó vivir bien. Cuando apenas empezaban, secuestrando gente y haciendo trabajitos pequeños, ya se estaban dando unos lujos, adecuados a su bolsillo, pero igual, mostrando que quería ser gente de lujo.

Aunque ellos siempre buscaron la modestia a fin de no llamar la atención, teniendo autos discretos y no naves que delataran que eran millonarios, sí hubo alguno que se compró algún Porsche o que despilfarraba delante de todos. Lo que más les gustó a los hermanos Rodríguez Orejuela era tener casas, las tenían por toda la ciudad e incluso en el interior del país, cuando las cosas se pusieron calientes, se mudaban cada rato, para prevenir que les atraparan o les siguieran, aunque las autoridades por entonces estaban concentradas en Escobar, nosotros igual mirábamos sobre nuestro hombro para evitar ser cogidos.

En los ochenta hubo mansiones que tenían toda clase de lujos, con tecnologías hoy son obsoletas pero que en los ochenta seguro era de las pocas que había en Colombia, se las mandaban de Estados Unidos o las veían en revistas y las pedían. Por lo menos dentro de la casa tenían lujos. Por ejemplo, en la ciudad jardín de Cali, barrio de élite de la tierra caleña estaba una mansión bella. El estilo de la zona era muy norteamericano, con casas suburbanas grandes y hermosas, con calles amplias y suntuosos jardines que se empezaron a hacer en los setenta. Pero en los ochenta se convirtió en la aspiración de nuevos ricos entre los que estaban los narcos que iban permeando la sociedad de Cali tal como sucedió en todo el país.

Muchas de esas casas no estaban en venta, pero nosotros le visitábamos, amablemente, conversábamos con ellos, éramos persuasivos y les decíamos que nos la vendiera, al final cedían, no tenían de otra y entonces nos instalábamos, viviendo en las mejores casas de Cali los traquetos de entonces.

Recuerdo una fantochería que se mandó a construir José Santacruz, era una réplica del Club Colombia, esto en contra de los socios del tradicional club social que le impidieron la entrada contra los socios del tradicional club social que le impidieron la entrada a pesar de haber llegado con el respaldo económico de la mafia.

Las razones por las que pagábamos tanto por estas propiedades no eran solo porque las queríamos, que sí, ese era el deseo, sino también porque tocaba lavar la platica que entraba que era mucha. En una temporada fueron casi vecinos los hermanos Rodríguez Orejuela, Pacho Herrera, Iván y Lorena Urdinola, la gente de esa zona, la que quedó pues, la que no vendió, vio aterrada que en las propiedades se levantaban muros altos, ponían columnas faraónicas, se abrían huecos para poner piscinas lujosas y se enchapaban pisos con mármol de Carrara.

Claro, no faltaron nuestras caletas, que eran bien hechas, con murales anchos y no vistas a simple vista, incluso un arquitecto tendría que sudar la gota gorda para dar con esos escondites. Aunque ahí metían también joyas y otros valores lo bueno de la primavera del narcotráfico es que la plata sobra, abunda, incluso estorba, porque no hay donde meterla, el problema es cuando la policía le huele la pista y toca correr, esconderse y la platica que antes sobra, ahora falta, porque la empiezan a descubrir y a incautar.

Pero como dije al inicio, la plata nuestra no fue cazada, porque nosotros la supimos esconder.

La cuestión es que supimos esconderla porque esos albañiles que contrataban, los arquitectos y la gente que hacía la caleta era bien remunerada, pero también moría en extrañas circunstancias, peleas de barrio, se ahogaban misteriosamente, eran arrollados, ya saben. Cosas de la vida.

La muerte es el mejor silencio de todos.

Se recuerda también la gran cantidad de música estruendosa en las fiestas donde retumbaban orquestas y cantantes de la época, a los Rodríguez les encantaba la salsa, cómo la gozaban esos hombres. Eran fiestas que duraban días, allí dentro, albergados en los muros y haciendo vibrar toda la cuadra.

La fiesta era para cualquier ocasión, fuera un bautizo o primeras comuniones, dentro de estas altas casas, en salas o piscinas la pasábamos bien, allí se pactaron acuerdos, rutas, campañas políticas y todo un trabajo que levantó gente como sería con Samper o hundió políticos para siempre, como sucedió con algunos vallecaucanos que se les escapó la ambición de llegar a la política por no unirse a la sociedad narco de entonces.

Una de las más lujosas casas era la de Gilberto, quien hoy paga condena en Orlando, Florida. Esta casa, una lástima, tan bonita que era, hoy solo es abandono, el frente tiene maleza por todos lados, está llena de óxido marrón y dentro, por el suelo hay libros de autoayuda que al hombre le encantaba leer, en una habitación están unos dibujos hechos por un niño, pegados a la pared.

Esta fue la casa donde vivió con Mariela Mondragón, aunque cuando las cosas se pusieron tensas, tuvo que escapar y vivir en una casita humilde de un barrió, en Santa Mónica Norte, donde luego lo pescaron cuando lo estaban buscando.

Miguel vivía cerca de ahí, en su casa estaba con la es reina de belleza Martha Lucía Echeverri, pero también tuvo que escapar cuando las autoridades comenzaron a cazarlos.

Al lado de estos palacetes estaban los hermanos Rodríguez quienes mandaron a construir un lago para el disfrute de todos los del barrio, pero al final se apropiaron de él. Cuando fue inaugurado recuerdo que dijo que era para la comunidad, pero luego, viendo la actitud de la gente bañándose, fue como un niño pequeño, quería el juguete para sí solo y no dejó entrar a más nadie. El lago tenía escoltas y supervisaban cómo los niños subían a las balsas. Si alguien se sentaba cerca era amenazado, no importa cuán vecino fuera.

La verdad es que el Cartel de Cali tenía cerca de 400 propiedades distribuidas principalmente en el Valle del Cauca, pero también en otras zonas del país. Tenía apartamentos, casas, parqueaderos, fincas, lotes, oficinas.

Una de las propiedades que más destaca es la del Lago Calima con 137 hectáreas de extensión y con un precio de casi 3,5 billones de pesos.

Tuvo tanto dinero, que al final, a pesar de ser tan ordenado, El Ajedrecista ni siquiera podía controlar tanto dinero, sobre las propiedades a veces se sorprendía de saber que tenía una propiedad y ni se imaginaba que era suya, de no ser porque se lo comentaban.

Es más, hoy en día, muchos de los testaferros del Cartel de Cali se quedaron con muchas propiedades, pero son tantas, la gente sabe tan poco de eso que nadie se ha enterado de ello.

Muchas campañas presidenciales fueron pagadas, porque tengamos en cuenta que el Cartel era una empresa sólida y respetada. Campañas como la de Belisario Betancur, Alfonso López, Virgilio Barco, en la de Gaviria, no pagaron a este porque no era corruptible, pero sí le llegó plata, y a los congresos sí que llegó dinero y eran llamadas tras otras donde los congresistas pedían dinero y claro esto lo hacían aliados y esto se traducía en que era mayoría que se tenía en el Congreso.

A esto debemos agregar que el mote de Ajedrecista no le venía de gratis, era bueno cultivando amigos, contactos, empresarios y gente variada. Amistad, dinero y argumentos.

A pesar de que comenzamos a ser legales, ya la marca de la ilegalidad nos signaba, Gilberto lo sabía, pues decía que, al acabar la guerra, vendrían por él, tal como sucedió.

Algo que no le perdona Estados Unidos es el lavado de dinero y esto les duele más a los gringos que el meter droga, por eso explotó y hubo estas consecuencias.

Dentro de las propiedades, tenían muchas, algunas aún se encuentran vigentes y generando dinero porque no fueron decomisadas, las que si tomó el gobierno en los noventa fueron las 18 sociedades Inversiones Ara Ltda., Inversiones Rodríguez Arbeláez y Cía., Inversiones Rodríguez Ramírez, Inversiones Rodríguez Moreno y Cía., Inversiones Camino Real S.A., Inversiones Miguel Rodríguez e Hijos, Export Café Ltda., Mariela de Rodríguez y Cía., Inversiones Maquilón, Comercializadora Agropecuaria La Estrella Ltda., distribuidora El Diamante Ltda. y La Loma Ltda., Seguridad Hércules, Representaciones Jaiger Ltda., Comercializadora de Carnes El Pacífico Ltda., , Constructora Tremi Ltda., Asesorías Cosmos Ltda. y Representaciones Renzu Ltda.

El Ajedrecista era dueño del América de Cali y movía muchos millones, trabajos que en un año eran de 300 millones de dólares que hoy serían unos 3 mil millones, les gustaba tener lujos porque con eso ostentaban y para poderlo hacer entonces si a los de Medellín les gustaba echar pólvora al cielo y tener autos lujosos, a nosotros nos gustaban las hembras, las mujeres bonitas, esas hermosas que no todos podían darse el lujo de tener. Por eso es que El Ajedrecista busca que una de sus novias, Aura Rocío Restrepo participara en un concurso de belleza del Valle del Cauca, le puso una carroza increíble, con muchas mariposas y flores hermosas, llevó un vestido de un famoso de entonces, Alfredo Barraza y claro, el vestido lo pagó Gilberto Rodríguez.

Claro, no se habría tomado esta molestia si dentro del certamen, el jurado fuera amigo del capo, por ejemplo, allí estaba un hombre llamado Santiago de Medina, amigo de Gilberto desde hacía mucho tiempo. Santiago Medina sería luego jefe de campaña de Ernesto Samper y sería condenado por enriquecimiento ilícito en el marco del proceso 8000 del que hablaré más adelante.

Nosotros teníamos comprados a medio mundo, políticos, policías, militares y todo tipo de gente para participar en eventos públicos, hacer muchas actividades y entretenernos sin problema.

En las ferias de Cali, las cabalgatas se veían desfilar ejemplares de millones de dólares, caballos hermosos, pura sangre que costaban un dineral. El caballo de Aura era portugués con ese abrió plaza y costó si mal no recuerdo 4 millones de dólares.

Ni hablemos de las fiestas privadas, vaya que las disfrutamos, con muchos artistas privados que hoy siguen en tarimas como dignos cantantes ejemplares. Incluso tuvieron a Juan Gabriel en un concierto, y tal fue la intimidad de ese evento, que Gilberto le hizo una broma a su hermano Miguel, le dijo a Juan Gabriel que le diera un beso a Miguel, este lo hizo y todo terminó con Juan Gabriel saliendo escoltado porque Miguel lo quería matar.

Muchos piensas que fue un mito, pero no, es la verdad.

Claro todo esto fue bonito hasta el día que a Escobar le da por matar a Galán y bueno, allí comenzó a ponerse todo color de hormiga, porque el presidente Virgilio Barco puso la extradición aprobada por vía administrativa y comenzaron la cacería, el cartel le tocó pasarse a la clandestinidad.

Ya por entonces lo que se hacía era ponernos a escuchar los cassettes que llegaban de Medellín donde estaban las grabaciones de los teléfonos de Escobar, de estos se sacaban los extractos que luego se usarían para tomar acciones, claro, estos audios se le enviaban al general Maza Márquez.

Gilberto, Miguel, Chepe Santacruz, y Elmer, alias Pacho Herrera, llegaron a aliarse con el diablo para acabar con Pablo Escobar. Cuando llega Fidel Castaño a Cali, se para como una persona cualquiera, la primera impresión que me dio fue mala, mal vestido, con jeans, camiseta blanca, pero con la mente clara, dice que la única manera de acabar con Pablo es cercando a su familia. Castaño viene, ofrece una alianza y ahí nacen los Pepes. Ahí vienen a hacerle inteligencia a la familia de Escobar, el talón de Aquiles del hombre.

Algo que muchos no saben es esta parte de la historia de la muerte de Pablo, siempre se ha dicho que se ha interceptado la llamada que le hizo a su familia, pero la verdad es que Los Pepes habían capturado días antes al hijo de Gustavo Gaviria, al que le decían Gustavito y lo comienzan a torturar para que diga dónde está su tío, lo dice y luego lo matan. El cuerpo de Gustavito aparece poco después que matan a Escobar. Esa noticia pasó a segundo plano. Todos esos equipos de inteligencia que tenían para interceptar llamadas los trajeron los Rodríguez, no la DEA como las autoridades quieren hacer ver.

Pusimos seis presidentes en el poder, pero de nada sirvió.

3 Conozcamos algunos de los miembros

Vengo hablando de los miembros del cartel y te los he nombrado con una breve descripción, pero no he profundizado en ellos, vamos a hablar un poco de los principales para que comprendas mejor y entres en la personalidad de cada uno y así comprendas lo que sucede después.

Comencemos por el principal, Gilberto Rodríguez Orejuela. El hombre nace en Mariquita, Tolima en 1939. Hijo de padre pintos y madre ama de casa. Era un hombre ambicioso, educado y bien preparado. Siempre llevó barba y le encantaba cuidársela, sus mujeres la podaban todos los días y cuando lo buscaba el Bloque de Búsqueda, se la pintó.

Nosotros lo veíamos como un tío, como ese familiar que queremos mucho porque es importante en la familia. Vestía bien, casi siempre andaba de traje de negocio o ropa costosa. Sus gustos eran refinados, amaba la poesía colombiana y le encantaba sobornar en vez de matar. Tuvo más de doce mil millones de dólares. Tuvo 8 hijos conocidos de varias parejas.

Su primera esposa fue Mariela Mondragón, con quien tuvo 4 hijos: Fernando, María, Humberto y Jaime. Fuera del matrimonio tuvo dos hijos Jorge Rodríguez Herrera y Gilberto Rodríguez. Luego que se divorcia tiene una relación con Gladys Ramírez, que ya tenía una hija y Gilberto le ofreció dinero para darle el apellido. Luego lleva la adopción de Gilberto Alejandro Rodríguez Ramírez. Por último, tuvo una relación con Aura Rocío Restrepo con quien no tuvo hijos.

Algo que les prohibió Gilberto a sus hijos fue meterse a bandidos, trabajar en el narcotráfico, quería que los negocios fueran llevados legalmente y administrara empresas de la familia. Los crio para ser hombres de bien y muchos de ellos fueron a Estados Unidos a estudiar.

En una oportunidad su hijo mayor, Fernando fue arrestado con un problema relacionado con drogas, Gilberto se enojó tanto que fue hasta la cárcel, se sacó el cinturón y le dio una lección hasta que le dolió el brazo, allí, delante de todos los demás presos y policías.

Gilberto, como conté nació pobre, éramos de un mismo barrio, este, cuando era joven dejó los estudios porque eran pobres, quería ayudar a su madre y hermanos a tener un mejor porvenir, el padre de él era alcohólico y jugador, malo de paso porque no ganaba mucho. Todo lo que ganaba se lo gastaba en esos vicios. Cuando tenía diez años se dedicó a vender flores en las ferias de los pueblos.

Su acercamiento a los negocios de droguerías es porque a los quince años comenzó a trabajar en una droguería donde era encargado de la entrega a domicilio en los apartamentos. Cuando tenía veinte años ya era manager del negocio y a los 25 renunció porque quería comenzar su propia droguería.

Luego de ahí vendería la banda de Los Chemas, junto con su hermano y bajo el liderazgo de Luis Tamayo. Cuando secuestran a los suizos, sacan de ganancia 12 millones de pesos que era un millón de dólares de la época.

Le llamaban El Ajedrecista porque era paciente y tenía un don de liderazgo, ni hablar de la forma de manipular, tenía una red con personas de diferentes orígenes y sociedad, que iba desde los detallistas del alcaloide, profesionales independientes, especialistas en operaciones de lavado de dinero, hasta las autoridades.

Luego que Escobar mata a Lara Bonilla, el gobierno comienza a lanzar operativos en contra de los narcos, es allí cuando se va con Jorge Luis Ochoa a España, para evitar la presión que había en el momento, aunque también querían expandir el negocio. El precio de la cocaína había bajado en Estados Unidos debido a la sobreoferta.

En Europa el precio era hasta cuatro veces mayor. Para saber de las mejores rutas y retos de almacenamiento Gilberto consultó a contrabandistas de tabaco de Galicia, al final decidió llevar la droga en barcos y luego botes pequeños para colocarlos en suelo español. También tuvo redes de distribución en Berlín, Ámsterdam y Londres. En Liverpool los gánsteres de la zona facilitaban que la droga entrara por el puerto. Las confiscaciones de cocaína en Europa pasaron de 900 kilos en 1985 a más de 20 toneladas para 1990.

Todo iba super bien, hasta que un bocón habló con las autoridades de las operaciones de Europa, entonces deciden montar vigilancia y se dan cuenta de los lujos que tenían, esto les pareció sospechoso y decidieron decirle a la DEA, quienes sugirieron que estuvieran alerta, después de tres meses vigilando las actividades, los arrestan porque temían que fueran a expandir los negocios, más de lo que ya estaban. De esta forma es que, en 1984, Jorge Ochoa y Gilberto Rodríguez son arrestados, el gobierno de

Estados Unidos aprovecha la oportunidad para solicitarlo en extradición, ya que tenía tiempo tras ellos y podían demostrar delitos en suelo gringo.

Para evitar esto, Gilberto le pide al ministro de justicia de Colombia que lo extraditen a Colombia. Pero no podían hacerlo porque no tenía proceso abierto, entonces el cartel de Cali decide sobornar a un juez para que le hiciera un proceso y lo pidiera, el delito es contrabando de toros de lidia. Lo mandan finalmente a Colombia y permanece en la cárcel Villahermosa por unos meses, claro, con toda clase de lujos e incluso saliendo muchas veces o durmiendo fuera.

A partir de ahí, Gilberto está tranquilo un tiempo, estábamos bien, haciendo dinero a granel y cómodos, todo hasta que inicia la guerra con Escobar. La cual termina cuando matan a Escobar, una semana después que matan al capo de Medellín, Gilberto da una fiesta con 150 invitados para celebrar, policías que pasaban cerca del lugar y se acercan a ver qué sucede, ponen a todos en línea y le piden documentación, Gilberto se esconde en la cocina porque no quería ser atrapado. Vio a un guardia bloqueando la puerta, vio que había sopa y se la echó encima, y fingió estar borracho, le pidió que le dejara irse porque si no su mujer le armaría problema, el guardia se niega, entonces se baja el cierre, saca su miembro y orina al guardia, este, lo toma, le da unos empellones y lo echa, de esta manera escapa al arresto.

Ahora hablemos de Miguel Rodríguez, nacido en 1943, también en Mariquita, este es un hombre obsesivo, meticuloso y disciplinado. Muchas veces vestía igual, de camina y pantalón negro, los olores fuertes le hacen daño, como el del tabaco que le hace sangrar y los perfumes que le dan nauseas. Se diferenciaba de Gilberto porque este daba terror en sus empleados, yo le tenía miedo, siempre con esa cara arrugada y a punto de armar bronca.

Era un hombre sumamente ocupado, tanto que su hijo, William, tenía que pedir cita para poder verlo. Tuvo ocho hijos de varias mujeres. El primer matrimonio fue a inicios de los sesenta con Gladys Abadía, con quien tuvo un hijo en 1964 llamado William Rodríguez Abadía. En 1969 se casa por segunda vez, esta vez con Amparo Arbeláez Pardo, con quien tuvo tres hijos, María Fernanda, Juan Miguel y Carolina Rodríguez Arbeláez.

Luego estuvo con Fabiola Morena, una amante que tenía mientras estaba en el segundo matrimonio, tendría tres hijos, Miguel, Juan Pablo y

Estefanía Moreno. Su última relación fue con Marta Lucía Echeverri, con quien compartió cama desde 1980 y que le dio una hija llamada María Andrea Rodríguez Echeverri. Cuando se casó por primera vez lo hizo sin el consentimiento de su hermano Gilberto. Esto lo molestó mucho que lo echó de la casa, varios años después luego del nacimiento de William, Miguel fue a casa de Gilberto para presentarlo, este estaba tan feliz con el sobrino que se perdonaron. Incluso le ofreció trabajo en una droguería. Miguel por entonces trabajaba como auxiliar de vuelo de Avianca, aceptó la oferta porque quería plata. Desde ahí los hermanos se hicieron inseparables.

La relación de Miguel con la madre de William era difícil, peleaban mucho, así que ella decide irse a Chicago, Estados Unidos y se llevó a William sin el permiso de Miguel, falsificando su firma para poder obtener un permiso notariado para que le niño pudiera viajar, pasarían seis años para volver a ver a su hijo en Colombia.

Miguel entra al narcotráfico en los setenta cuando se une con su hermano y Chepe Santacruz para el envío de cocaína a Estados unidos. Su trabajo era manejar las finanzas, la seguridad, despachos y sobornos a la policía, siempre quería saber hasta el más mínimo detalle de todo.

Cuando arrestan a Gilberto en España con Ochoa, Miguel toma las riendas de los negocios lícitos e ilícitos, acabó con empresas que vio que no tenían futuro y se enfocó en las más rentables como las droguerías y las emisoras de radio.

Teníamos un ingreso bruto de tres millones de dólares, solo en droga, sin contar los negocios lícitos, eran tanto los negocios que había, que hasta una clínica tuvimos. Droguerías La Rebaja son las más conocidas, además de laboratorios farmacéuticos, inmobiliarias y aseguradoras.

Ara navidad me mandaban a una joyería de lujo para contratar los servicios para que llevaran parte de la mercancía y en las reuniones cada uno tomara lo que quisiera. También a partir de 1979 pasó a formar parte del América de Cali y luego sería accionista mayoritario, poniendo mucho dinero para volverlo un equipo estrella. En varias ocasiones tuvimos que darle plata a los árbitros para que el juego se amañara y ganáramos, porque América tenía que ganar, especialmente si jugaba con Medellín.

Son muchos los motivos que llevaron a la guerra con el Cartel de Medellín, pero uno más de ellas fue un robo de droga por parte de unos hombres del cartel al cartel de Medellín. En esta guerra Miguel no se salvó de recibir atentados por parte de Escobar en una oportunidad mandó a sus hombres a Ciudad Jardín, donde tenían propiedades Miguel, la orden era ponerle un carro bomba, los hombres tenían grabados los horarios y rutas de Miguel, pero el día que se disponían a dar el atentado por alguna razón el carro bomba explota antes.

Luego, Escobar atentaría contra Miguel mientras estaba en un partido de fútbol, pero se salvó porque el sicario mató al hombre equivocado. Esta guerra llevó a que Miguel pensara que, acabado con la vida de Escobar, terminarían con el Cartel de Medellín, quedándose también con el mercado y distribución, la idea era acabar con la competencia, lo que lograron en 1993, cuando cae Escobar. Luego María Victoria Henao tuvo que dar dinero y obras de arte al Cartel para que no la mataran y que Los Pepes dejaran de perseguirla. Ellos nunca pretendieron matarlos a todos, solo deseaban acabar con Juan Pablo, el hijo de Escobar, porque temían que en un futuro este buscara venganza por la muerte del padre y también porque este ya era un poco bandido, hacía trabajos menores y andaba delinquiendo, ahora es que se las da de una santa paloma, pero no es trigo limpio. Los jefes se ven con la viuda de Escobar y luego ven al hijo de Pablo, luego que escuchan todo lo que dice le perdonan la vida y es Miguel quien le dice que le dará una segunda oportunidad pero que no se le ocurra nada estúpido. Incluso Juan Pablo dice que lo respeta por la manera en la que actuó luego de la muerte del capo.

Éramos casi dueños de Cali, nada sucedía sin saberlo. A diferencia de Escobar que andaba con hombres armados amedrentando, esto era distinto, se podría decir que eran ladrones de cuello blanco, fiscales, policías, políticos y personas de rango que estaban en nuestra nómina y órdenes. Hasta Samper recibió dinero como ya sabemos.

La DEA intercepta una llamada a Miguel cuando hablaba con un hombre en Estados Unidos coordinando una tonelada de droga. Los hermanos son acusados de narcotráfico, dos testigos que estaban presos en Estados Unidos presos, vuelan a Colombia para declarar, pero le pagan 50 mil dólares para que no hablaran, de esta forma los cargos fueron retirados.

En otra oportunidad, las autoridades estaban listas para llevar a cabo un operativo en la casa de Miguel, pero un contacto avisa del peligro y para la hora en que llegan a buscarlo ya se había ido. Con un ejército como este era casi imposible lograr la captura del hombre, la única manera era meter a alguien en la organización. Esto sucede cuando Jorge Salcedo se pone en contacto con agentes de la DEA, y les asegura que les entregará al capo, lo que cumple después cuando dice cómo atraparlo. Llegan a una propiedad donde solo hay tres mujeres, buscan y buscan y no consiguen nada, pero sucede que Miguel estaba en una caleta bien hecha que por más que buscaron por horas, no dieron con él, finalmente deducen que el infiltrado se burla de ellos. Llaman al infiltrado y le reclaman, pero este para probar que hablaba en serio, le dice de la ubicación de unos documentos que están en un escritorio de madera, no logran abrirlo, pero lo destruyen y dan con ellos, información de gran valor.

Entonces las autoridades vuelven a iniciar la búsqueda y comienzan a intentar abrirla. Perforan con un taladro y buscan que salga Miguel, pero aparece un fiscal, que es pagado del Cartel y los hace desalojar con amenazas porque no tienen orden para destruir, las autoridades salen y Miguel escapa. Cuando las autoridades vuelven, consiguen toallas bañadas de sangre de Miguel, que terminó herido por la mecha del taladro y un tanque de oxígeno con el que sobrevivió varias horas.

Pacho Herrera es otro de los hombres, Elmer Herrera Buitrago, o Pacho Herrera nace en 1951 en Palmira, fue uno de los líderes del Cartel. De todos, era el que mantenía el perfil más bajo. Era corpulento, trigueño, ojos negros y cabello ondulado. Era conocido por ser agresivo. Logró consolidarse como uno de los mejores lavadores de dinero de toda Colombia. También era fanático del futbol y buen jugador, con frecuencia jugaba con sus hermanos y guardaespaldas. Estos eran la envidia en guardaespaldas de los hermanos Orejuela ya que mientras iban en moto Yamaha, los de Pacho iban en Harley Davidson. Pacho es hijo de Benjamín Herrera Zuleta, alias el Papa Negro de la Cocaína, aunque este lo rechazó porque le salió homosexual, sí, Pacho era homosexual.

Típicamente los grandes capos se caracterizan por andar rodeados de mujeres, no se combinaba que un hombre abiertamente gay tuviera influencia en ese negocio, pero Pacho es la excepción, porque vivió al máximo su homosexualidad y el narco, a nadie en el Cartel le importaba esto, incluso le echábamos bromas por eso. Cuando el jefe de seguridad de los Orejuela, Salcedo, pide permiso para ir a Panamá para casarse, Chepe bromeó y dijo que Pacho era el único inteligente porque no tenía mujeres.

La verdad no sé mucho de la juventud de Pacho, sé que estudio mantenimiento técnico en Colombia y estuvo en Nueva York buscando suerte y trabajó haciendo piezas de guerra, y fue mecánico industrial, ganando siete dólares la hora, sueldo muy por encima de lo que se pagaba entonces. Que eran sesenta o setenta centavos de dólar.

Él fue parte de esos colombianos que ocupaban lugares en Estados Unidos, en paralelo a su trabajo era también dealer de una cadena de distribución de droga, la cocaína, la nieve. Estuvo preso en dos ocasiones en Nueva York por distribuir, pero eso no lo detuvo, al contrario, salió con ideas de dejar de ser dealer a ser varón de la droga, vuelve a Colombia y por medio de José Santacruz Londoño, conoce a Gilberto y a Miguel con quienes arma la logística para meter droga y hacer todos los sobornos y procesos para procesar la droga y ganar. El dinero lo llevaba a Colombia para lavarlo y hacerlo limpio en el país. Por algo la DEA le dijo "El gerente del cartel de Cali".

Para mandar los dólares desde Estados Unidos a Colombia, uno bien curioso era el de los electrodomésticos, le sacaba todo lo de adentro y lo llenaba de dinero, ponían fajos de billetes dentro de la ropa, compraban motores de segunda mano, sacaban piezas y les metían dinero, cerrados bien y los mandaban a Colombia, a medida que las autoridades pescaban las ideas, entonces comenzaban a usar maletas de doble fondo, todos estos movimientos los hacían de acuerdo con la filosofía. Pacho hizo todo lo posible para aparecer ante lentes de cámara y tenía pocos amigos para que no lo capturaran.

Este es el hombre que detona en parte la guerra contra el Cartel de Medellín, en especial con Escobar, esto sucede en 1987 cuando a Jorge Pabón, alias El Negro, sufre un atentado por parte de uno de los hombres de Pacho, Alejo Piña. Esto aunado a la negativa de Pacho en representación del Cartel de Cali de colaborar contra Escobar contra el Estado, esto lleva a que el Cartel y Escobar declarara a Pacho y los demás miembros del cartel, enemigos acérrimos. La verdad es que este tema entre El Negro y Piña sucede por un lío de faldas, donde El Negro le cuida la mujer al otro y desató las peleas. Es ahí cuando se da el origen de su alias, Pacho, le llega este nombre para protegerlo porque Escobar lo estaba cazando, de esta forma sería más difícil identificarlo. En 1988 Pacho le pone un coche bomba al edificio Mónaco, propiedad de Escobar, ubicado en El Poblado, una zona de lujo de Medellín, este estalla y hace temblar el edificio, quien más resulta afectada es la hija de Escobar, que tiene daños en el oído por el sonido.

La explosión deja tres muertos. Escobar no estaba, pero esto llevaría a que Escobar ponga más violencia e intente matarlo en un par de veces, una de ellas deja 19 muertos cuando el 25 de septiembre de 1990 un grupo de hombres entran con uniformes militares entraran y abrieran fuego en un partido de fútbol en la Finca Los Cocos en Candelaria. Dispararon con metralletas, fusiles R15, contra familias que disfrutaban del partido, felices. Allí muere la cocinera de apellido Cabeza, una señora que cocinaba lo más de rico, tenía 34 años, dos vigilantes y también siete personas. Había más de 50 personas ese día, es decir, fue una masacre. Cuando comienzan a disparar, jugadores y espectadores corren e intentan salvarse como puede, esto en paralelo a la lluvia de balas. Algunos caen impactados por las balas, escapan por escaleras o donde puedan, algunos son atrapados mientras intentan escapar, los llevan a la pista de Tartan y allí los acribillan.

Luego que matan a esta gente, los hombres de Escobar montan un retén móvil en la hacienda. Allí interceptan a un comerciante que iba de Palmita a Puerto Tejada en una Truper, como el hombre no les quiso dar la llave de la camioneta, lo matan. Dos campesinos que pasaban en una bicicleta los bajaron y pusieron en el piso, y allí los acribillaron, uno era un portero y el otro trabajador.

El otro atentado fue en un balneario, donde matan a quince personas y doce salen heridos, Pacho sale ileso de ambos atentados.

También otro atentado fue cuando Escobar mandó dos veces maletas con veinte kilos de cocaína al exterior, Escobar hizo que colocaran los datos de Pacho y sus datos, lo que quería era que le pusieran boleta de captura. Pero de nada sirvió, porque la primera boleta fue emitida años después de la muerte de Escobar. Fue por narcotráfico y enriquecimiento ilícito. Luego del atentado en Los Cocos Pacho quería acabar con todos los que tuvieran un mínimo de participación en ello. Pacho se entera que los hombres habían pasado la noche antes en una finca cercana, preparando todo para el golpe, así que el dueño del a finca era el objetivo, Pacho interroga a la gente para saber dónde está el dueño de la finca, pero no sabe nada, así que decide matar a una hermana y dos hermanos y demostrando que la familia paga por los delitos de los hermanos. En estas investigaciones da con dos sicarios que mata y esperaban juicio en cárcel de Cali, pero Pacho no pararía hasta ver liquidado al hombre que le había dado refugio y había puesto en peligro su vida, luego de un par de años por fin da con el paradero del hombre, el cual es salvajemente asesinado, amarrándolo a dos camionetas por cada extremo del cuerpo las cuales arrancaron en dirección contraria.

También tenía un modo de actuar muy especial cuando sospechaba de alguien que le había traicionado, Pacho los invitaba a una fiesta y luego de comer, lo invitaba a otra habitación y allí los torturaba hasta que hablaban.

Pacho llegó a ser el hombre más buscado de Colombia cuando atraparon a los jefes, es decir a los hermanos Orejuela. La cabeza de Pacho tenía mil millones de pesos como recompensa.

Tras su rastro el gobierno iba allanando y negociando a ver si podían dar con la cabeza de Pacho. Ya luego vendría su caída y muerte que te contaré más adelante.

Vamos ahora a conocer a José Santacruz Londoño o como era conocido Chepe, nace en 1943 en Cali. Líder del cartel de Cali junto con los hermanos Orejuela. Se consideró el más violento del cartel.

Se ganó el apodo de El Estudiante, ya que es de los pocos miembros del cartel que estudio en la Universidad, estudió ingeniería y las carreras que te mencioné antes. Chepe amaba los caballos de paso y la ganadería. Era muy agresivo y además sus bromas rayaban en lo pesado. Era como su marca, pesado. Siempre andaba con zapatos sin medias, con esas patas hediondas y su apariencia descuidada, así es que lo recuerdo, un mal vestido, mal aspecto, con una especie de trastorno de los brazos que disimulaba con camisas manga larga.

Su vida amorosa fue medio rara, tuvo una relación con Merlin Fuquen Guevara, con quien tuvo cuatro hijos. La mujer fue asesinada en 1990 por contratación del propio Chepe, quien supo que la mujer le engañaba.

También tuvo una relación con Silvia Rey, que la mandó a matar más adelante, la chica sobrevivió al atentado, pero quedó invalida, la razón esta vez fue porque ella quiso acabar con la relación y bueno, Chepe no quería eso. Amparo Castro es la más conocida de todas las relaciones, con ella tuvo dos hijos, ella se encargaría de criar los hijos que tuvo con la primera mujer.

Chepe entró con los Orejuela en Los chemas, fue el artífice de cambiar de los delitos de la anda a traer pasta de coca del Perú. Más adelante le presentó a Pacho y sería el cartel de Cali.

Estuvo un tiempo viviendo en Nueva York, en un apartamento donde pagaba casi diez mil dólares al mes. Además de los laboratorios que tenía en NY, también metía miles de kilos de droga a la semana, las pasaba por casas seguras que tenía en Queens y Brooklyn para luego distribuirla. Fue el mayor distribuidor de cocaína en Nueva York, y en el submundo latino era conocido como El Gordo, y a veces se aparecía en alguna venta para intercambiar apretones de mano con el cliente.

Este no era exento a los lujos que tuvimos, gracias al control que tenía, amasó más de diez mil millones de dólares. Tenía grifos de oro en sus casas, estatuas de mujeres desnudas, colecciones de porcelana. Gastaba más de sesenta mil dólares en accesorios para la cocina y baños o así cien mil en muebles. Tenía en su nómina diseñadores de alto nivel trabajando para él a tiempo completo. Estos diseñadores son los responsables de una de las mansiones más famosas, ubicada a las afueras de Cali, llamada Casa Blanca porque se parecía a la Casa Blanca de Estados Unidos. Aunque el proyecto no pudo ser terminado se conoce que la propiedad medía doce mil metros cuadrados, con un coste de 18 millones de dólares y entre los objetos que se usarían para la decoración estaban azulejos italianos para la piscina, con un valor de 300 mil dólares, y un juego de comedor de 18 sillas que tenía un valor de cien mil dólares.

En una oportunidad a Chepe le niegan la membresía al club exclusivo llamado Colombia de Cali. Entonces decidió construir una réplica exacta del club y le puso una piscina y una cancha de tenis.

Chepe amaba la música y en una oportunidad contrató a Jaime Varela, del Grupo Niche, para una sesión privada en Miami. Le pagó 20 mil dólares.

La vida de Chepe no era solo lujos, también era violencia, Manuel de Dios era un periodista cubano de Nueva York, que investigaba demasiado sobre el narcotráfico, quería exponer a la luz todo lo que los narcos hacían. Escribía un libro llamado Cali Pachanguero donde quería decir todo lo que hacía el cartel. En una oportunidad escribió un artículo donde hablaba de Pacho Herrera y en una de las revistas puso al descubierto a Chepe, todo esto enfureció a Chepe que lo mandó a matar en un restaurante en Queens en el Mesón Asturias, un restaurante. Sucedió en 1992.

Otro hecho importante en la vida de este hombre es cuando le secuestran la hermana, Cristina Santacruz, a mediados de 1992, por Guerrilleros de las FARC, exigían 12 millones de dólares, y en su lugar secuestra a Amparo Torres, que era hermana de Catatumbo, un guerrillero que estaba a cargo de las negociaciones de paz de las FARC, luego hacen intercambio de rehenes y todo termina.

Chepe fue acusado de matar al ex gobernador de Antioquia Antonio Roldan Betancur, pero quien realmente lo mató fue Escobar, que le habían puesto una trampa a un policía que intentaban cazar y por error mataron al político.

Chepe era hábil para despistar a la policía, iba en autos sencillos para no llamar la atención, no dejaba pistas que dieran con él, pero en 1995 con los allanamientos en los Bloques de Búsqueda, lo van cercando y arrinconando, pero el hombre siempre estuvo un paso adelante. Aunque buscaban en varias ciudades intentar dar con el paradero del capo, no lo lograban. Tocó ponerle mucha fuerza para dar con él. De eso hablaré más adelante, aún no es el momento.

Otro hombre que estuvo en el Cartel y del que se habla poco es Víctor Julio Patiño, quien nace en 1959 y tenía como alias La Fiera o El Químico, estuvo con nosotros y luego se fue con el Cartel del Norte del Valle. Fue un policía hace muchos años y llegó en su momento a tener gran importancia mandando droga para los gringos. Este fue de los que no atraparon cuando todo cayó, realmente muchos nos quedamos impunes y no tenemos expedientes a pesar de haber sido bandidos y haber cometido varios delitos, él, bueno, no corrió mi suerte, pero no lo atraparon en la cacería de brujas que hicieron al inicio.

A este hombre finalmente le atrapan y desde allá siguió moviéndose con la droga, claro, tenía comprada a un poco de gente y recibía ayuda de funcionarios corruptos y también ya apelaba a las amenazas y la violencia.

Cuando se va a Estados Unidos, extraditado, allá comenzó a cantar como pajarito, todo con tal de poder salir de la cárcel antes. Mostró información clave para atrapar a gente, pero esto puso brava a mucha gente y 35 familiares suyos murieron a causa de una sangrienta venganza que desataron, especialmente la gente del Valle, no nosotros. También asesinaron a abogados, socios, fiscales, contadores y hasta amigos. También mataron a su medio hermano, Luis Alfonso Ocampo Fómeque, quien era otro narco.

Hace unos años lo dejaron en libertad, lo que pocos saben es que este hombre pactó con la banda criminal Clan Úsuga para destruir a la banda rival Los Rastrojos con la intención de exterminar a los sobrantes del Cartel del Norte del Valle como venganza por matar a su medio hermano. Entonces se cree que es responsable de la muerte de Lorena Henao, hermana de Orlando Henao, quien fue socio antiguo suyo.

Esto que voy a decir no lo sé a ciencia cierta, pero me han contado que el hombre sigue por ahí, moviéndose, haciendo plata y delinquiendo, mi intuición dice que sí, bandido es bandido.

Otro hombre fue Phanor Arizabaleta, que nace en 1938, se conocía como Don Phanor, tuvo bastante importancia en el cartel. Venía de familia campesina. Se casa con Olga María Oidor Lozano con quien tiene cinco hijos, John Jiro, Mauricio, María Fernanda, Felipe y Andrés. De joven pasó mucho trabajo y poco dinero y nunca puede entrar a la universidad.

Arizabaleta trabajo cerca de Pacho Herrera y se encargó de secuestros y extorsiones que en sus momentos duros hizo. Tuvo unas 16 empresas con familia y testaferros para así poder lavar dinero, tuvo Colapia que era el más grande criadero de tilapia roja en el mundo.

Fue dueño del Independiente Santa Fe y se movía en negocios con los jugadores.

Finamente atraparon a este hombre, pero escapó con la ayuda de unos funcionarios de la Policía Nacional de Colombia, lo volvieron a coger, pero volvió a salir y andaba incluso con policías de un lado a otro.

Hace unos años lo vuelven a atrapar con ayuda de la DEA y poco tiempo después lo extraditan por tener rabo de paja con unas alianzas con los carteles mexicanos. Allá es condenado a ocho meses de prisión, luego es repatriado a Colombia de nuevo para que termine de cumplir las condenas pendientes.

Finalmente muere a los casi ochenta años por un paro cardiaco y una serie de problemas respiratorios. No se perdió mucho, ese siempre pensó solo en él y aunque formó parte de la creación del Cartel, la verdad nunca fue una pieza tan clave como lo fuimos otros. Incluso yo que estaba en la sombra.

Henry Loaiza Ceballos fue otro de los hombres del cartel, nace en 1948, es conocido como El Alacrán. Estaba a cargo del aparato militar de la organización, pero también en el envío de drogas a Estados Unidos.

Uno de los crímenes de los que fue acusado es el de la Masacre de Trujillo, en el Valle del Cauca, donde matan a más de cien personas. Muchos de esos cuerpos fueron arrojados al río Cauca.

Hasta entonces Trujillo era un pueblo tranquilo de campesinos, cuando un sacerdote del pueblo, el padre Tiberio Fernández junto con otros campesinos hacían un programa llamado Tejido Social, para ayudar a los más necesitados, e independizar a los campesinos de los terratenientes, sin razón alguna tanto al cura como a los campesinos los acusan de colaborar con la guerrilla del ELN y son llevados a las casas por uniformados y son secretamente torturados, asesinados e incluso descuartizados con motosierras.

Luego que el sacerdote ve a su sobrina violada y asesinada, es decapitado y las manos son cortadas, cuando aún estaba vivo con una motosierra. Los cadáveres son lanzados al Rio Cauca, pero salen a flote dada la magnitud de la matanza.

Raul Tacchuella

4 Formas en las que exportamos la mercancía

Algo en lo que nos destacamos en el envío de la droga es en las ideas, muchas de nuestras formas de mandar droga nos la copió Pablo Escobar. Las ideas que poníamos en marcha, cuando eran descubiertas, entonces ideábamos otras que eran más sofisticadas que las primeras. Por eso, fuimos un hueso duro de roer e hicimos mucha plata.

Tal como dije al inicio, los tablones de madera duraron bastante como canal de envío de droga. Metíamos más de dos kilos por paquete. La caoba era lo que más se exportaba, cuando nos dimos cuenta de eso, fuimos al puerto de Buenaventura para ver más de cerca la exportación, tamaños, cantidades mandábamos paquetes de 15 o veinte tablones que tenía espesor de unas tres pulgadas.

Entonces a un tablón le podíamos quitar un listón de arriba y hacer un hueco, poníamos la tabla y se cepillaba para que no se viera el tablón tocado en ningún lado, colaba perfectamente, para conseguir el depósito tocaba ingeniárselas.

De los quince tablones metíamos dos o tres palos con droga. Para poderlo hacer fundamos una empresa de papel en Cali para exportar y luego en Nueva York montamos una empresa y así mandábamos en barcos mercantes cada tres o cuatro meses y de allí sacaban la droga de la madera.

Otra forma fue en postes de cemento a través de Venezuela, fue algo hecho por un año, se camuflaba en postes de cemento que eran reforzados con metal se mandaban en contenedores especiales y con empresas constituidas marítimas, lo hacíamos con Jorge López, alias El Pana, quien era el dueño de la ruta, Jorge mandaba postes vacíos y así luego mandaban postes llenos y más de 800 kilos se usó la ruta.

Las bolsas de café también sirvieron como medio de envío, se hizo entre el 92 y 93, mandaban la mercancía en bolsas de café y enviada desde el puerto de Buenaventura a Panamá y de ahí a Miami. Se mandaron unos 900 kilos por parte de Miguel, todo hasta que las autoridades nos cazaron.

Miguel Rodríguez aplicó otra estrategia desde el 84 al 87, mientras Gilberto estaba en España, la ponía en la madera de marcos para puerta, los exportaba desde una fábrica en Honduras, ubicada en la zona franca en Miami, y era recibida en una empresa que recibió 650 kilos.

La mandamos también en brócoli refrigerado, desde 1987, la mercancía se mandaba en avión desde el Valle a Guatemala y de ahí a Miami. Los aviones salían de pistas clandestinas llenas de brócoli o melón refrigerado. Se mandaron 1200 kilos refrigerados, pero la ruta duró hasta 1992 cuando cazaron la estrategia.

En cajas de baldosas también se enviaron, salían en contenedores desde Cali al puerto de Buenaventura y de allí en barco hasta Panamá, lo recibía una empresa constituida y luego a Estados Unidos. De aquí se mandaron 250 kilos que incautaron y se perdió toda la estrategia

En insecticidas de la multinacional Dupont también se mandó, de 1982 a 84, mandó en dos oportunidades, por medio de Dupont, lo mandó en un insecticida muy tóxico, el segundo embarque lo capturó la autoridad estadounidense.

Otro modo fue con el carbón sintético, esto lo hicieron dos veces, entre el 92 y 93, este material especial, casi irrompible, creaban réplicas del carbón natural, con el estupefaciente adentro, la mercancía se enviaba a Holanda en cargamentos de 500 kilos, el primero de ellos entró sin problema, pero el segundo lo incautaron.

Una forma de mandar droga fue dejándola caer en el mar desde un avión, lo hicieron desde 1993 de enero a mayo, era enviado en un avión Caraban y luego era recogida por un velero que la metía a Miami, Orejuela mandó 250 kilos.

También mandamos droga en secadores para secar papel higiénico, se usó desde finales de 1993 hasta marzo de 1994, la mercancía se metía en un secado para hacer papel higiénico, salía de Colombia a Venezuela y de allí a Nueva York, se ponía en un doble fondo que tenía el cilindro secador, este era un aparato hecho de acero que tenía un diámetro de 3,50 metros por 4,50 metros de fondo. El secador llegaba a Nueva York para ser reparado y regresado a Colombia por medio de Venezuela con esta ruta, el cartel envío 250 kilos.

También se envió en aceite de ricino desde 1990 a 1993, la mercancía se camuflaba en timbos de 55 galones que tenían aceite de almendras o ricino, con el fin de llevarla a Canadá. Los timbos tenían doble pared y allí metían la droga.

Otro modo fue con las máquinas trilladoras de café, esta ruta fue del 92 al 94, la mercancía la metíamos en las máquinas estas que salían de Barranquilla a Guatemala y allá las desarmaban sacaban la droga y la mandaban a Estados Unidos.

Por medio de esta ruta mandamos 200 kilos.

También la droga la mandamos en langostinos congelados, en 1995 mandamos 100 kilos a Ecuador y de ahí a Miami, estos iban camuflados en contenedores con langostinos.

Otro alimento que usamos fueron los contenedores de verduras, esto se hizo desde el 87, se camuflaba en verduras y la mandábamos a Guatemala y de ahí a Estados Unidos, en cada viaje se mandaban 300 kilos.

Por la frontera de México con Estados Unidos se metió droga en 1993. La mercancía se metía a México y luego a Los Ángeles, se mandaron unos 1200 kilos a Estados Unidos con este método.

Raul Tacchuella

5 Los alcances de la esfera económica

Cuando comenzamos a crecer dentro del a organización gracias a los delitos y que se había conformado el Cartel de Cali, con este poder económico, los hermanos Orejuela crearon un imperio económico y de relaciones públicas poderoso. Uno de ellos fue el Banco de los Trabajadores. Abriendo la oportunidad de dar créditos podían tener una gran fuente de relaciones públicas. También dieron muchas donaciones como muestra de amistad, y se fue posicionando en un posicionamiento para llegar a la directiva. Este banco fue creado en 1974 con un aporte de 500 mil dólares por dos fundaciones creadas para fortalecer el sindicalismo en Latinoamérica: la Interamerican Foundation y el Instituto Americano para el Desarrollo del Sindicalismo Libre.

Este aporte para la constitución del Banco fue hecho a la Unión de Trabajadores de Colombia, UTC, el presidente de este es el conservador Tulio Cuevas Romero quien saca provecho al banco y se lanza uno créditos bien buenos por años. Gilberto comienza a buscar la manera de controlarlo y para lavar dinero complementado con el otro banco suyo: el First Interamericas Bank de Panamá.

Gilberto solicita que se haga una asamblea extraordinaria, lo hace en un balneario de Sasaima, Cundinamarca, donde acuerdan modificar estatutos para excluir a los obreros, Gilberto toma el control que figura en el poder de la cadena de droguerías y laboratorios del Cartel. Laboratorios Kressfor, Drogas La Rebaja, Drogas La Séptima, Coodrogas, Drogas Un idas y Servicios Sociales Ltda.

Muchas acciones están a su nombre, de Miguel, su esposa Gladys, su cuñado Alfonso Gil, un hermano del senador Eduardo Mestre, el diputado Dagoberto Charry y los hermanos Antonio, Lelio y Alfonso Beltrán. Gilberto controla el 70% del banco, y es designado presidente de la junta directiva.

El banco pasa a ser un espacio para lavar dinero. Se compran flotas de autos de la Policía Nacional, como La Chrysler Corporation de Estados Unidos en Colombia, bajo el nombre de Chrysler Discor tuvo su papel en la adquisición por parte del Estado de la nueva flota de autos, haciendo efectiva la transacción. Otor imperio, que genera una buena cantidad de dinero es la cadena de droguerías con más de 250 puntos en todo el país.

Las principales son la Droguería La Rebaja, que son de los hermanos Orejuela, Fernando Gutiérrez Cancino, y una sociedad de la familia de Fernando y Gia, Ltda.

La Rebaja así como otras cadenas distribuyen medicinas de los laboratorios Kressfor, de los Rodríguez. El laboratorio tenía una acusación fuerte que era peor que la misma droga: falsificar drogas.

A principios de los ochenta falsificó un antibiótico infantil, Binotal, por dos medios, el reempacar la droga vencida o el usar placebos en vez del compuesto químico. En ambos escenarios afectaba al pequeño. La enfermedad se agravaba o se hacía crónica. En esto tuvo una larga investigación que llegó a manos de Enrique Parejo.

Los jueces de Bogotá no se meten con nosotros, por medio de testaferros, los hermanos controlan también el laboratorio Tecnoquímicas, que produce Alka Seltzer en el país, con ventas anuales de unos 4 mil millones de pesos. En Cali se hacen de las instalaciones de la multinacional Merck Sharp & Dome, que construye una fábrica para hacer drogas para mandar a Grupo Andino, esto fracasa. A todas estas el Cartel va teniendo dominio en una gran serie de empresas que le permite ejercer el dominio en el ámbito comunicacional, entretenimiento y armamentista.

El poder en negocios de agroalimentario y ganadería resulta en una excelente herramienta para el ocultamiento de los fondos malversados.

En la esfera social también crecíamos, la red de narcotráfico crecía junto con los negocios legales. Se creaban muchos espacios con redes para mover la droga y para lavar el dinero. Cali era nuestra total prioridad, algo que mirábamos del cartel de Medellín, lo único, a decir verdad, era la forma en que controlaba todo Medellín, ese era nuestro plan, pero de otro modo, porque mientras Escobar se movía en una esfera y estrato distinto, nosotros nos movíamos en esferas altas, con los altos mandatarios y empresarios.

La idea es que reforzáramos las tierras para seguir adelante, ya fuera con respeto o miedo, aunque para nosotros lo primero era mejor.

La política también tenía un punto importante en lo que hacíamos, cada acción la emprendíamos buscando conectar con políticos de entonces. Muchos miembros querían mostrar relaciones con nosotros para tener contratos de interés mutuo, o seguros para que tuvieran caprichos personales. El cartel generó relaciones con partidos como el Liberal y el Conservador, con lobbies políticos para financiar campañas regionales y nacionales y bueno, poner cuatro presidentes en el trono.

La idea de conectar con esto era para que se pudiera conocer si la DEA nos olía el rastro o no y teniendo a medio Cali comprado pues sabíamos todo antes que incluso lo supiera la DEA.

Los aliados que preparó el Cartel iban tanto dentro como fuera del país. Todo gracias a que éramos visionarios, con un sistema estricto y organizado como un reloj, lo que nos dejaba conexiones casi en cualquier espacio. Tuvimos a los hermanos Juárez, primos de la Cosa Nostra, apoyo de comercios, contactos y demás gente importante.

Todo este negocio que nos montamos comenzó con la venta de unos kilos de cocaína en Los Ángeles y California estos eran llevados de forma individual. Un negocio pequeño pero que comenzó a mostrar el potencial de dinero. Entonces se invirtió, logrando negociar con flotas de automóviles, cadenas de hoteles y hasta bancos a nivel nacional y en monedas extranjeras. Con los integrantes del cartel radicados en Estados Unidos, fue sencillo ir manejando el negocio.

Cuando se inicia con el negocio, envasamos en bolsas con un peso que no superaba el kilo y medio, cada paquete tenía dos cosas características: un color que mostraba al propietario y unas letras que eran el lugar de destino. Era la clave para alguien, por ejemplo, Morado 345, podría ser California, para Mack. Cuando se trataba de cargamentos, que no eran de nuestra propiedad, sino de aventureros que querían entrar al negocio, usábamos personas de bajos recursos, desempleados o gente mediocre sin mucho futuro. Se les pagaba el viaje de ida y vuelta, una suma en dólares que era equivalente a un millón de pesos y el valor de la estadía en la ciudad, donde tenía que llevar la cocaína. Las personas se llamaban mulas, una referencia al animal de carga que andaba con la mercancía al lomo.

Cuando el negocio creció, el comercio con las mulas se hacía más complicado, los controles en los aeropuertos eran más difíciles y nos vimos en la obligación de cambiar la modalidad para mover la mercancía. Las transacciones de la cocaína la hacíamos en entrevistas privadas y solo con conocidos. La cancelación del valor de embarque de droga se hacía normalmente en efectivo, pero cuando la entrega era diferida, el pago se hacía en cheques de gerencia o corrientes, extendidos a la fecha en que debía ser entregada en el país de consumo. Para evadir los perros entrenador para descubrir la cocaína en las maletas nos las ingeniábamos, metíamos productos con olores concentrados, por ejemplo, salsas de tomate o sardinas enlatadas. Luego, usamos métodos como los que nombré en el capítulo anterior.

6 Los Narcocassetes

Una semana después que se da la segunda vuelta electoral en 1994 para el periodo comprendido entre el 94 y el 98, que definía al presidente de Colombia entre los candidatos Ernesto Samper y Andrés Pastrana. Entonces era presidente César Gaviria que recibió de Andrés Pastrana, unos casetes cuando realizaba la gira por Cali. El presidente le pasa los casetes al Fiscal General Gustavo de Greiff, quien se abstuvo de abrir una investigación ya que su hija Mónica de Greiff estaba vinculada a Samper.

El suceso del Fiscal General, Alfonso Valdivieso, los dio a conocer a la opinión pública el 20 de junio de 1995 y se divulgaron estos casetes de audio a los que el periodista Alberto Giraldo hablaba con los hermanos Miguel y Gilberto, con los dineros para apoyar a Samper. Esto dio pie a que el Fiscal Valdivieso al entonces presidente Samper ante la comisión de Acusaciones de la Cámara de Representantes y se daría curso a la investigación de miembros de la campaña de Samper, algunos miembros del gobierno y congresistas en el cual Samper renuncia a la presidencia.

Todo eso se dio mientras andábamos en la guerra contra Escobar o bueno poco después, pero aún calientes con eso, con la guerra a Los Pepes que tenía el estado y oliéndonos el cuello.

Luego que cae Escobar, el resto del mandato Gaviria, todo estuvo tranquilo, el cuatrienio y las graves noticias de la guerra pasaban sin ruido, el foco era la disputa entre Estados Unidos y De Greiff, en el que la Casa de Nariño respalda a Washington, donde la fiscal Janeth Reno refrendaba sin matices algo sobre nosotros:

"La reducción de los capos de Cali no se logra mediante llamamientos a la legalización de la cocaína ni conversaciones clandestinas con los líderes de la droga".

Recuerdo muy bien la participación de Colombia en el Mundial de Futbol, pierde ante Rumania 3 a 1, Samper es elegido presidente. 72 horas después Pastrana admite la derrota, pero le pone el picante al asunto porque dice que tenemos un presidente con dineros traídos del narcotráfico. Que era un presidente sin moral para representar a su pueblo. Ya los narcocasetes existían, ya había entrevistas donde se había dicho esto, también los indicios del Cartel con dinero metido en la campaña Samper, esto hace que el recién presidente vaya a ver al fiscal De Greiff para mostrarla las cuentas de la campaña. La hija del Fiscal había sido la primera directora financiera de la campaña política.

De Greiff admite que el ministro de Defensa fue quien le dio los casetes dos días después de la segunda vuelta, lo que mostraba que la presidencia sabía lo que venía, lo mismo que Pastrana, quien se entera de esto antes de que se conociera al ganador.

La verdad es que todos sabíamos de los narcocassetes, era un secreto a voces que no había llegado a la prensa. Cuando llega a ellos es que esto se hace viral.

El escándalo cambia radicalmente el panorama nacional y el primero que sale es el fiscal, quien cae en el segundo año de mandato, en poco tiempo, ese hombre que se consideraba el mejor el que le había dado lucha a Escobar y era el gran líder, pasó a ser el villano número uno. El gobierno de Gaviria se encarga de aportar la fórmula jurídica para agilizar el desplome del entramado de Derecho.

Casi al unísono Samper y Valdivieso asumen cargos. Allí comienza entonces la cacería contra nosotros, todo esto con ese escándalo que luego llamaron el proceso 8000. La idea era cortar los nexos entre los narcos y la política. Al inicio Samper se queda con Octavio Vargas, que también tenía rabo de paja, pasa a retiro a Fabio Campos y envía como agregado a Washington al general Rosso José Serrano. Pero antes que termine 1994, Serrano es el nuevo director y desde la competencia la fiscalía dispone que los expedientes por narcotráfico radicados en Cali sean remitidos a Bogotá.

Todo se iba calentando más, porque el saliente director de la DEA Joseph Toft dice ante periodistas que Colombia era una narcodemocracia y que la magia tenía infiltrados en los poderes del país. Mostró algo que habíamos hecho que era meter la mano en la constituyente del 91 y en la composición de la ley 81 de 1993 para reencauchar la política de sometimiento. Dice que le dimos dinero a Samper para su campaña y luego de esto, tanto Estados Unidos como Colombia desmintieron las palabras del hombre de la DEA.

Los narcocasetes causaron terremoto, en 195 se dan unas marchas cocaleras porque le estaban echando glifosato a las tierras. También la laxitud de Samper ante la lucha de las drogas era cuestionada. Sumando a todo esto las FARC estaban cobrando impuesto a quienes cultivaban coca o los dueños de laboratorio, regulando la oferta y la demanda para garantizar precios altos. Era la otra Colombia de la Coca extendida mientras Samper estaba entretenido buscando la forma de dar un golpe al cartel de Cali. Luego que le pagamos la presidencia, el desgraciado se nos volteó.

Samper, para intentar limpiar su nombre comenzó a dar cacería, atrapa a Gilberto, luego a José Santacruz, y cada hallazgo sacaba trapos sucios, ni el deporte se salvó que fue mostrado cuando allanaron a la Federación Colombiana de Fútbol y el presidente Juan José Bellini fue arrestado.

La lista del 8000 mostró nombres de periodistas, técnicos y exjugadores. Todos estaban untados y esa lista se quedó corta, que lo digo yo, que muchos no figuraron y sí que acusaron, como si no tuvieran su dosis de culpa.

Santiago Medina, quien era tesorero de campaña de Samper es arrestado, este varías veces había advertido: "Mi lealtad llega hasta que pise el primer escalón de la Fiscalía en calidad de detenido".

Allí el hombre comienza a hablar, narra lo que pasó en la doble contabilidad de la campaña presidencial para desviar dinero no reportados al Consejo Nacional Electoral, violando los topes de gastos y luego hizo un recuento pormenorizado de la penetración de la mafia en la empresa electoral. Esto se concretó en Europa, en el 93 en representación de los Orejuela fueron los asesores de la mafia Eduardo Mestre y Alberto Giraldo, allí y se vieron con el entonces embajador Samper y hablaron y negociaron su subida al poder.

Tiempos después se dio otra cita, esta vez en el apartamento de Alberto Giraldo en Bogotá, el propio Samper, el director de la campaña Fernando Botero y el candidato a vicepresidente Humberto de la Calle, para concertar la adhesión al aspirante presidencial Miguel Maza Márquez a cambio de que fueran cubiertas las deudas de la campaña, en términos generales, la confesión de Medina ratificó los aportes del cartel para la segunda vuelta electoral y dejó en aprietos a los integrantes de campaña en especial al ministro de Defensa Fernando Botero. Esto causó incendios políticos y el gobierno se vio en la necesidad de maniobrar para eludir esto.

Ante el encierro que le hacían al presidente, este se adelantó y el día antes de irse a la toma de posesión de Fujimori, el presidente dijo que no se dejaba intimidad y que todo esto era una treta de los narcos para dañar su imagen. Y dejó una frase que pasaría para la historia y que siempre se recuerda de él:

"Los colombianos pueden tener la seguridad de que, de comprobarse cualquier filtración de dineros, su ingreso se habría producido a mis espaldas".

Esto lo puso en una metáfora bien interesante el obispo Rubiano Sáenz, quien dijo que esto era algo así como que un elefante entra a un cuarto y el dueño no se da cuenta. El elefante fue la crisis y los caricaturistas se dieron festín con esa imagen.

Los ministros Horacio Serpa y Fernando Botero dieron unas ruedas de prensa para desmentir a Santiago Medina, la pregunta del millón llegó por cuenta del periodista Jorge Enrique Botero, quien indagó por qué conocían y hablaban de un testimonio judicial que se suponía que era reservado de la fiscalía. Con nervios los ministros se miran y se sienten acorralados, Serpa responde que, por un anónimo, que estamos en un país de los anónimos. En pocas horas Fernando Botero deja la cartera de Defensa, era solo día para apresarlo, en el país se sentía un aire de conspiración.

Días después de todo esto, atrapan a Miguel, Samper, cree que las tiene todas y aprovechando una matriz de opinión del país, dice que el Cartel de Cali está muerto. El presidente podía decir que en un año de mandato había acabado con el cartel de Cali. Que era el fin de dos décadas de delitos, pero la extradición era prohibida desde la constitución del 91, ahora estaban presos, pero seguía lo dicho, los presidentes y políticos se montaban a punta de dineros sucios, ya lo había dicho Lara Bonilla hablando de los dineros calientes que le costaron la vida. Nadie mejor que nosotros para tener dinero caliente en el país.

Hubo mucho dinero para engrasar los engranajes del país. Fiestas donde venían muchos políticos, la gran mayoría de senadores de entonces estaban comprador por nosotros y estuvieron en alguna de las propiedades de Gilberto o Miguel, cobrando salario, dinero, millones de pesos que recibía cada mes.

Nosotros hicimos Asamblea Nacional Constituyente, modificamos la constitución, compramos muchos políticos, casi todos, con eso manejábamos todo.

Varios presidentes fueron patrocinados por Orejuela, casi que pusimos seis presidentes, seis y medio, conocidos desde que eran banqueros, empresarios, gente respetada. Gilberto decía que los políticos eran de otra raza, traicioneros por naturaleza, los ríos de dinero que llegaban a nosotros, los pasábamos a los políticos muchas veces envolvimos paquetes para darlo a ellos, lo cómico de todo y que me daba hasta un poco de asco era ver a los políticos en casa, a muchos de ellos viendo las montañas de dinero y ansiosos esperando su parte y cada vez, sin falta cuando iban, la mirada de ellos a los paquetes de dinero era como los de un perro callejero cuando ven un pedazo de carne asada.

El gobierno lo esconde, pero hubo muchos reportes de dinero entregado a las campañas, especialmente a la campaña de Samper, que es donde más dinero desembolsamos. Los Rodríguez no delataron a Samper y trabajaron para sostenerlo en el poder, porque era el menor de los problemas, el miedo era que al tumbarlo llegara Estados Unidos y lo extraditaran.

Gilberto tenía planes de entregarse antes que lo atraparan, lo que quería era que nosotros y las FARC se entregaran y así acabar con el narcotráfico y tener condenas más pequeñas o nulas y quedarnos moviéndonos con negocios.

Pero esto no cuajó y se quedó solo para negociar y pasó lo que pasó. Samper le debe la presidencia a nosotros, el Cartel de Cali. Dijeron que fueron 5 millones de dólares, pero la verdad es que eran 15 millones de dólares de 1994, que entonces era muchísimo dinero.

Todo esto fue llevando a que hoy en día los paramilitares estén metidos en el gobierno y se haya cambiado la historia política del país.

La realidad ante todo esto es que nosotros compramos a medio país y por eso estuvimos a nuestras anchas, solo les dejo esto, si cambiamos la Constitución, imaginen que no pudimos hacer. Escobar llegó al Congreso y salió con las tablas en la cabeza, nosotros no pisamos curul, pero logramos lo que él no.

El dinero que le dieron a Samper fue altísimo, 17 mil millones de pesos, seis mil se lo dieron los Rodríguez, tres mil Víctor Patiño Fómeque, tres mil el marido de la Monita Retrechera Chucho Sarria y dos mil los de Marlboro, esa plata se la robaron Samper y Botero que tenían mucho dinero y tienen.

Samper fue un nombre que sonó mucho en los papeles y los medios hace unos años. todo por el tema de los dineros calientes, los fiscales Paul L. Pérez y Joseph K. Ruddy, estamparon en un documento una acusación de gran gravedad y aseguraron que el Cartel de Cal había comprado al presidente, lo cual fue así, también como hicimos con el Congreso.

Se prepara un documento desde Estados Unidos que publican en Colombia y acusa a Ernesto Samper y medio Congreso de entonces de los delitos, lo hacen con pruebas de los sobornos y de los favores que nos hacían en la época. Este revuelo buscaron callarlo con diplomacia, pero igual quedó para la posteridad.

Samper que en ese momento comenzaba a ganar figura, se atuvo al fallo del juez natural, el Congreso lo absolvió de todos los cargos que se le imputaban y que decían que su campaña estaba contaminada de dineros calientes, y luego salió otra de sus frases célebres "todo fue a mis espaldas" que es como que vivas en una casa de bloque limpio y alguien entre te frise las paredes, te la decore con un decorador neoyorkino, te instale grifos de oro y te estacione un Ferrari en la puerta, pero no te das cuenta de los cambios sino cuando te lo dicen.

Descaro total, típico de políticos.

Es que en los buenos tiempos los Orejuela se veían como grandes empresarios, generosos patrocinadores de campañas políticas. Ambos eran liberales, al punto de verse sectarios. Pero siempre patrocinaron a los partidos para defender la democracia. Gilberto era el banquero importante, tenía amigos en todos lados, poderoso. Por lo tanto, los políticos en ascenso le pedían ayuda monetaria y también de influencia. Desde el año 78 al 94 todas, todas, todas las campañas, así, acentuado tres veces, fueron apoyadas por nosotros.

Esto no es todo, me pondré más explícito, en el proceso de la participación de los dineros calientes en la política, no comienza ni termina con Samper, para nada, este es el salado que sale a colación y lo denuncian y se arma este show, pero muchos comieron calladitos y nadie les señaló. Esto inicia mucho antes del 94, y se prolonga por años después y claro, antes. Hubo presidentes que llegaron allí exclusivamente con dinero del narcotráfico. Y ellos lo saben.

Recuerdo algo, a Julio César Turbay le acusan de ser pariente de alguien que tiene relaciones con la marihuana. Esa vez Turbay reacciona con la dignidad de un político agredido. Meses después se le da la razón a Turbay y el periodista debe pedir disculpas públicamente.

En el 82, los aportes económicos a los candidatos fueron generosos. Muy generosa. En ese momento ningún de los narcos estaba con orden de captura, solo eran empresarios sospechosos, claro, todo de calienta un poco cuando figura Escobar.

No solo nosotros pagamos campañas, gente como Escobar, los hermanos Ochoa Vásquez, los Moncada, Los Galeano, el grupo de los Correa, todos ponían dinero, altas sumas, para no ir muy lejos el Medellín sin tugurios, donde Escobar acomodó muchos barrios y les puso casas nuevas, canchas y comida. Eso no fue solo algo hecho en solitario con sus hombres, muchos personajes destacados de Antioquia lo aplaudían. Muchos barrios populares de Medellín tuvieron ciudadelas deportivas, canchas iluminadas, y todo esto con dinero del narcotráfico. A todo esto, hay que sumar que se abre entonces las ganas de invertir, los hermanos Orejuela se ponen a invertir en sectores de industria e inmobiliarias. Todo proyecto de lujo de apartamentos de turismo, tienen nuestra huella de dinero allí.

Cuando llega Belisario Betancur a la presidencia, las cosas se ven de una manera más abierta, Medellín y nosotros fuimos amigos de Betancur. Las contribuciones no las satanizaban como ahora, ni impedimentos, ni regulaciones para financiar campañas. Los candidatos presidenciales aceptaban de buena gana el dinero. Esto permitió que algunos candidatos tuvieran contacto amistoso con los que se mostraban como los millonarios emergentes. Aunque ya le habían puesto la puerta al tema extradición, por el tema de la muerte de Rodrigo Lara Bonilla, el ministro de Justicia que mató Escobar, igual quedaba algunos escapes y se aprovechaba para seguir pagando campañas, para una prueba de esto que digo, uno de los grandes promotores de la presidencia Barco fue Rodolfo González García, gran amigo nuestro, especialmente de los hermanos Orejuela.

En 1990, luego que habían matado a Luis Carlos Galán, ya existían normas que castigaban el enriquecimiento ilícito que venía del narcotráfico. En estas condiciones es elegido César Gaviria Trujillo, un joven de Pereira de éxito que había sido Ministro de Hacienda y Gobierno en la presidencia Barco. Gaviria hizo una difícil campaña de la historia de Colombia. Escobar le había puesto el ojo y había guerra con nosotros, sin contar el secuestro de tiempo antes. No hubo participación de dinero por parte de ellos, pero otros grupos por debajo de cuerda contribuyeron en el ejercicio de la democracia. Los candidatos comenzaron a hacer filtros en las tesorerías para evitar dineros calientes. Escobar no le dio dinero a Gaviria porque dijo una vez y esto está grabado en una cinta "Veo a ese marica hijueputa oliendo a gladiolo, en medio de cuatro cirios". Gaviria asustado manda a su madre a Estados Unidos, porque las amenazas de secuestros contra ella eran serias. Pero, por otro lado, el cartel del Norte del Valle y el viejo Caldas fueron generosos con él y le dejaron dinero.

Lo de Samper es historia repetida, pero no es lo único, es apenas el prólogo de una novela larga como Los Miserables, de pagos y pagos para subir presidentes y congresistas. Lo que pasa es que al colombiano le gusta mucho la plata y los seres humanos somos hipócritas, por un lado, juzgamos, pero en la oscuridad tenemos ese rabo de paja peligrando que se prenda en candela.

7 Estructura del Cartel de Cali

Antes de que entremos en detalles de la guerra con el Cartel de Medellín, les quiero hablar de nuestra estructura, para que comprendan cómo nuestra organización influyó para que pudiéramos acabar con el monstruo que era Escobar.

El Cartel de Cali era una organización muy estructurada, tenía distintos departamentos que tenían un jefe cada uno, reportaban a una especie de manager que a la vez reportaba a los líderes de Cali.

Los departamentos eran estos:

Narcotráfico: se encargaba de controlar los laboratorios, los procesamientos, los métodos de envío y las rutas. Hay algo que Popeye el sicario que sobrevivió a Escobar y luego se hizo YouTuber dijo y es mentira, decía que nosotros le comprábamos droga a ellos cuando tenían Tranquilandia, es decir, nos pone como que éramos pequeños, y ellos los más grandes de Colombia, pero la realidad es que en un par de ocasiones le compramos, esto cuando se nos cayeron dos cargamentos en ruta, uno cuando lo atrapan en los listones de madera y el otro cuando lo atrapan con brócoli. Compramos para salir rápido del pedido porque le queríamos cumplir a nuestros proveedores. No es que ellos eran nuestros vendedores de droga, nosotros tuvimos nuestros laboratorios propios.

Militar: Se encargaban de controlar la seguridad de los miembros del cartel y de las familias, también tenían la responsabilidad de dar sobornos a oficiales militares y policías, es decir a todos los que teníamos comprados, le llevaban su cuota mensual o algún bono especial para algún cargo extraordinario.

Político: eran responsables de establecer vínculos gubernamentales con senadores, congresistas y demás, se encargaban de controlar más del 50% del Congreso colombiano, ponían y quitaban políticos.

Financiero: se encargaban de blanquear el dinero por medio de empresas legalmente constituidas que tenían testaferros.

Legal: se encargaban de asuntos legales del Cartel y de representar a traficantes que fueran capturados tanto en el país como fuera.

Siempre pasamos trabajo para blanquear dinero, era más el que llegaba que el que podíamos blanquear. Para ello el cartel invertía fuertemente en empresas legales y fantasmas. Para el año 96 teníamos ingresos brutos de 7 mil millones solo con Estados Unidos.

Gilberto con su presidencia en el Banco de los Trabajadores lavaba mucho, pero igual quedaba pendiente otro montón por lavar. Para seguir lavando es que luego con Jorge Ochoa abren el banco de Panamá First Interamericas Bank. Por allí se movían fuertes sumas de dinero.

Otro de los negocios que se abrió para mover el dinero era el del Grupo Radial Colombiano, una red que tenía más de 30 estaciones de radio, además de la conocida cadena de droguerías La Rebaja. Esta tenía más de 4200 personas en sus más de 400 tiendas en 28 ciudades y con un valor de 216 millones de dólares.

Todo esto era muy bueno, pero la preocupación menor era lavar dinero cuando comenzamos a tener atentados con el Cartel de Medellín.

La guerra trajo como consecuencia una serie de acciones como atentados mutuos por medio de sicarios y carros bomba.

La acción más sonada fue la de Mónaco, cuando le metimos el bombazo a Escobar en su casa y casi le dejamos sorda la hija. Pero también venía de la masacre que este nos había dado cuando quería matar a Pacho Herrera y mató a ese montón de personas en pleno partido de fútbol. Sin contar las 85 bombas que le pusieron a la droguería La Rebaja y los 27 muertos inocentes de todo esto.

En medio de toda esta guerra, cometimos un error, pronto entenderán por qué, reclutamos a Jorge Salcedo, que era parte de la armada colombiana. Habíamos escuchado que en el pasado Salcedo había contratado a unos mercenarios británicos para acabar con unos guerrillos en una operación ordenada por los generales colombianos y queríamos repetir esto, pero para acabar con la vida de Escobar.

Es ahí cuando ordenamos que le mandemos a Nápoles, la hacienda que Escobar tenía en Puerto Triunfo, una comisión con helicópteros para atentar contra Escobar, pero para mala leche uno de los helicópteros falla y se estrella contra una montaña. Luego, cando Escobar está en la cárcel de lujo que se construyó, La Catedral, se intenta un nuevo atentado, la idea era bombardear la prisión, para esto Salcedo va a El Salvador para comprar las bombas, pero a la hora de montarlas en el avión para traerlas a Colombia, no cabían en la puerta. Entonces toco abandonar la operación.

Muchas razones llevaron a que nosotros perdiéramos y nos acabáramos, sucede que mientras el Estado estaba entretenido con Escobar, nosotros éramos libres de ir y venir, pero cuando acaban con él, no sin nuestra ayuda, pasamos a ser el foco. Una vez Gilberto me dice "Cuando atrapen a Escobar, esos mismos aparatos que le dimos para que lo atraparan, lo usarán contra nosotros", dicho y hecho, así fue. También es que nosotros teníamos el control absoluto de la venta de droga, por ello, éramos los más grandes y debíamos ser redimidos. Esto sin contar que el presidente que montamos se nos volteó, Samper.

Raul Tacchuella

8 Guerra con el Cartel de Medellín

Hay muchas historias acerca de la guerra contra el cartel de Medellín. Como este es el cartel famoso por ser Escobar un icono, a nosotros nos muestran como los otros enemigos, los que hicimos el mal para hacer un bien, casi nos canonizan en cierto modo por haber acabado con el psicópata de Pablo, pero somos más que eso y somos menos inocentes de lo que creen muchos.

En Estados Unidos había dos hombres presos, por el cartel de Medellín estaba Jorge Pabón, alias El Negro, y por el Cartel de Cali, Alejo Piña, El Negro era peleador y siempre andaba entrándose a golpes con otros, Alejo Piña, con quien era amigo, lo ayudaba a enfrentar las peleas y entre los dos se defendían de esos presos gringos que eran grandes y fuertes, especialmente los negros. Siempre se protegían entre ellos.

Alejo Piña sale en libertad, y le pregunta a El Negro sobre qué quería y este le pide que pase por la casa a ver cómo está todo, esto lo hace, llega a Medellín, llega a la casa de la mujer de El Negro y llega a la casa, y se le queda la mujer.

Cuando El Negro sale, llega a la casa y no nota nada, pasa allí y luego se va a ver un partido de fútbol entre el Atlético Nacional e Independiente Medellín. Cuando va saliendo del estadio Atanasio Girardot le disparan, aunque se salva, no tiene heridas mayores, entonces comienzan a investigar quién le disparó, llegan a los sicarios por medio de tortura y conoce que fueron contratados por Alejo Piña, allí comienza la guerra, porque Alejo era hombre de Pacho Herrera, Escobar sé que llama y pide que le entreguen al hombre, pero Pacho Herrera jamás le daría uno de los hombres al enemigo y como ya las cosas venían tensas y Escobar estaba loco, decide armar una guerra y comienzan los ataques, ellos atacaban con fuerza a nosotros y nosotros atacábamos con más fuerza y pasó lo que pasó.

En este punto, con amargura, si debo ponerme del lado de Escobar, porque él nos había matado a El Ciclista, enemigo nuestro que nos traicionó, un narco que se había escondido en Medellín, Escobar cumplió, lo mató bien matado y nos cobraba el favor, la realidad es que debió cumplir, bueno no darle a Pacho Herrera como pedía, pero por lo menos negociar en darle a Piña, aquí pienso que influyó mucha la soberbia de todos, la nuestra, por actuar de ese modo y la de Escobar que tampoco se dejó amedrenta y de seguro vio que eliminándonos tenía todo el mercado para él. Nosotros pensamos lo mismo, siempre nos vimos como competencia y el débil nexo de la amistad nos permitió respetarnos.

El primer golpe duro contra el cartel fue el bombazo al edificio Mónaco. Pacho Herrera contrató unos matones para que pusieran la bomba y fueron y se la colocaron en un Chevette lleno hasta el techo de explosivos. Esta bomba estalló y retumbó en varias cuadras, reventó vidrios y hubo algunos heridos por estos, lo que más dolió de ese día fueron los daños materiales. Las razones por las que le pusimos esa bomba a Escobar fue primero porque queríamos darle caza a este hombre, pero también con una doble intención, si no le matábamos al menos haríamos sonar el tema extradición, que estaba un poco callado porque Escobar tenía pagada un poco de gente y todo estaba tensamente tranquilo, pero luego del estallido todo se desató y se armó el revuelo, aunado a que Escobar no se quedó quieto y vino con todo contra nosotros.

Esto se puso más caliente porque Escobar manda a Pinina y otros hombres a poner bombas en Cali, entre esos estaba Popeye, pusieron varias en Droguería La Rebaja, pero sería una serie de 50 bombas, a partir de ese momento comienza una ofensiva contra los negocios y las propiedades del Cartel de Cali. El 18 de febrero de 1988 es incendiada en Medellín una cadena en Medellín y a este se suman muchos otros atentados de dinamita contra esta cadena y más de diez contra el Grupo Radial Colombiano.

Sumado a esto se hacía espionaje y contraespionaje, en 1988 se marca el inicio de las ofensivas de espionaje y contraespionaje, primero Escobar nos monta una operación y también contratamos a cinco militares para constituir un servicio de espionaje contra Escobar. Este lo descubre y los secuestra. Ya las cosas estaban calientes y los hermanos Orejuela ven que las cosas se iban de las manos y busca un tratado de paz, llaman a Escobar, lo hace Gilberto, busca que se haga un tratado de paz. Pero Escobar dice que lo hace siempre y cuando le entreguen a Pacho Herrera y 5 millones de dólares por los daños de Mónaco y lo causado a la niña. Pero todos se niegan a pagar, Gilberto, Miguel y Pacho se insultan con Escobar y no se hablan más. Entonces los ex militares aparecen muertos pocos días después torturados y con un aviso que decía que eran miembros del cartel de Cali y los mataron por intentar atentar contra personas de Medellín.

En diciembre de 1988 casi secuestran a Pacho, pero los hombres que le protegían se abren a tiros y así se salva Pacho, este que tenía la violencia tatuada, decide irse con todas sobre Escobar y dice que no descansará hasta que lo mate.

Luego vendrían los mercenarios que intentaron llegar Nápoles, pero se cayó el helicóptero y también querían matar a Rodríguez Gacha, alias El Mexicano que también estaba presente en la hacienda y era jefe militar del cartel de Medellín e incluso más violento que el mismo Escobar.

Gracias a aportes del Cartel, dimos con el paradero de El Mexicano, porque teníamos un infiltrado que le decía a las autoridades dónde estaba y así es como dieron con El Mexicano en la finca El Tesoro, cerca de Coveñas, Gonzalo Rodríguez Gacha y su hijo Freddy son asesinados, todo gracias a que Jorge Velázquez alias El Navegante, militante nuestro, dio la información que permitió su muerte.

Estábamos en plena guerra, por un lado, los de Medellín que eran el capitalismo salvaje, con el ejército personal y que se creía dueño del país. El otro, nosotros que éramos como gerentes modernos que buscábamos acomodar el poder político y operando en el estado, tal como sucede con la mafia de Estados Unidos.

En 1992 Escobar firma la muerte sin que lo sepa en ese momento. Ese día estaba metido en la Cárcel de La Catedral en Envigado. Allí asesina a dos socios suyos, a Gerardo Kiko Moncada y a Fernando Negro Galeano. Esto desata la furia de algunos y sirve de excusa para que lleguen a nosotros aliados buenos que nos servirían para por fin atrapar a Escobar. Es así como nace la semilla de Los Pepes, que a punta de actos terroristas desatan una guerra urbana en Colombia y logra su cometido. Acabar con Escobar. Moncada había escondido 6261 dólares de la época para evitar la cuota obligatoria que Escobar exigía para todo narco de Medellín. Esto era una traición, y así lo vio Escobar que ordenó que lo matara. Luego le siguió el saqueo de las propiedades y la eliminación de los trabajadores. Ese día se salvaron los hermanos Fidel y Carlos Castaño, convocados a la misma reunión, pero no llegaron porque hubo un derrumbe en la vía y vaya suerte.

Con los Castaño había diferencias ideológicas, en un tiempo hasta eran de izquierda, pero a Pablo le podía más la ambición de dinero y a Fidel y a Carlos el secuestro y posterior asesinato de su padre a manos de la guerrilla. Por esto decidieron crear lo que más adelante se llamó las Autodefensas Unidas de Colombia, unos paramilitares ilegales encargados de trabajar para eliminar a las organizaciones armadas como las FARC, ELN y EPL.

Aunque ellos no fueron así, porque a finales de los setenta Carlos Castaño era un comisionista de venta y compra y carros, así conoce a Pablo, quien le pidió unos camiones para enviar droga. Siguieron de amigos y luego se asocian, hasta que una vez por codicia, Escobar entrega unas armas grandes al ELN con quienes las AUC tenían sus peleas en la selva. Esto costó la amistad y no volvieron a hablar, pero tampoco se fueron a guerra.

"Resulta para mí incomprensible que mis eternamente enemigos hayan gozado de mis simpatías en otros tiempos. Hay momentos en que pienso en que, si no hubiera tenido razones para ser contrainsurgente, habría sido guerrillero (…) Debo reconocer que estimé a Pablo en aquella época, pero no tanto como llegué a despreciarlo", Dijo Carlos Castaño una vez.

La muerte de Moncada y Galeano detonó lo que estaba allí cocinándose, los Castaño vienen a nosotros a pedir apoyo, vino también la unión con el Cartel del Norte del Valle y de los ex socios de los asesinados, buscados por el cartel de Medellín para que se unieran todos, eran los Perseguidos por Pablo Escobar, por eso se llamaban Los Pepes.

Las primeras reuniones se dan después de la fuga de Escobar de la Catedral, para entonces se había unido Diego Murillo, alias Don Berna, un ex guardaespaldas del Negro Galeano que termina siendo tiempo después, líder de La Oficina, la banda que creó Pablo con su red de sicarios y que aún sigue siendo parte del narcotráfico en Medellín.

También llegó otra gente, ganaderos, industria, personas que eran extorsionadas y secuestradas, todo de la mano del cartel de Medellín. Estaban hartos de Escobar, aunque muchos amaban a Pablo, muchos otros querían la caída porque se había vuelto loco.

Varias personas llegaron a nosotros para que nos preparáramos y nos fuéramos sobre Escobar, porque no aguantaban más. Carlos Castaño decide entonces crear Los Pepes, amparado por el Cartel de Cali que ayudó y se unieron todas las fuerzas para ir por el loco. El objetivo era aniquilarlo y todo lo que tuviera relación con él.

Por aquella época también nace el llamado Bloque de Búsqueda de la policía, apoyados con el gobierno de Estados Unidos y luego por nosotros que le dimos tecnología para que pudieran rastrear a Escobar y que usaron contra nosotros para luego darle caza a los hermanos.

La DEA, la CIA, el gobierno colombiano, todos ellos de manera anónima trabajaron con nosotros, bueno específicamente con Los Pepes para cazar a Escobar. Entre 1992 y 1993 se dio una guerra urbana de bombas, secuestros y asesinaros puntuales.

Medellín era propiedad de unos delincuentes que no eran comunes sino dementes, mataban y secuestraban a personas inocentes como nunca antes se había visto, es como que el poder les volvió locos. Entonces tocaba responder con la misma violencia contra ellos, atacarlos y acabarlos.

Todos los miembros aportaron dinero, el Cartel de Cali puso una suma cuantiosa, Pacho Herrera dijo que él habría gastado toda su fortuna con tal de cazar a Escobar. De su bolsillo salieron 30 millones de dólares, pero también donamos recursos políticos, empresarios, todo esto era una especie de élite burocrática, con el silencio de muchos colombianos y hasta de autoridades y más en un grupo terrorista que paramilitar.

Los atentados comienzan a finales de enero del 93 y por el interés de matar a Pablo, no importaban los daños colaterales. Comienzan a bombardear como respuesta a las bombas, además de Mónaco le pusimos dos bombas más que casi los vuela.

Atacamos una casa finca hermosa que tenía, valía un dineral, allí tenía obras de arte, Picassos, Dalís y muchas cosas más que quemamos, imaginen una colección de autos antiguos ardiendo, millones de dólares ardiendo, todo de Pablo Escobar. Claro, también nos pasamos, porque en marzo del 93 entramos con ropa de la Fuerza Pública a la casa del constructor Guillermo Londoño White y nos lo llevamos el cuerpo apareció al día siguiente con el aviso de que era un "Servil testaferro iniciador de secuestros al servicio de Pablo Escobar. Los Pepes".

Días después de eso, entramos vestidos con ropa del DAS y matamos al abogado Raúl Jairo Zapata Vergara, allí atrapamos también al abogado Guido Parra. La gente quería que matáramos a Pablo sin violencia, pero eso era imposible, el que a hierro mata no muere a sombrerazos, no tocaba rebajarnos un poco a lo que él fue para poderlo arrinconar. Los otros métodos no funcionaron. Si no actuábamos así quién sabe cómo habríamos terminado en manos de ese loco.

Años después de todo esto un juez diría: "(…) amparados por un aparato terrorista tan o más sanguinario que aquel que el cartel (de Medellín) había estructurado, acuñado bajo el rótulo de 'los Pepes', destruyendo en el oriente, sur y suroeste antioqueño innumerables propiedades, sumándose los crímenes de varios agentes cercanos al capo y sus abogados, obligando a los familiares de este a viajar al exterior".

Pero también con la violencia tenía otro aparato poderoso que era el de inteligencia, tomábamos todo tipo de información, escuchábamos las cintas grabadas de los teléfonos interceptados del Cartel. Todo esto les llegaba a las autoridades, todo desde los Pepes hasta el Bloque de Búsqueda, el que se despeina cuando le asoman que fuimos socios, pero de no ser por nuestro apoyo, no hubieran capturado a Escobar, ese era como las ratas, se saben esconder y se necesita un gato veterano para olfatearlo y cazarlo. Nosotros.

El mismo Coronel Naranjo, que se hizo famoso hace poco por la novela que le hicieron, admitió que había un canal entre Los Pepes y ellos y que con eso se nutrían para poder seguir.

Nosotros le dábamos información a la policía, a nuestros amigos, muchos de ellos recibían plata de nosotros mensualmente. Todo esto que hicimos en menos de un año, llevó a que acabáramos con una gran cantidad de sicarios y bajáramos de más de dos mil sicarios a unos 500 y luego ni cien, muchos se esfumaron, miedosos porque le olía la muerte y finalmente le quedó uno con un alias curioso para más amargura de Escobar "Limón" que le acompañó hasta el final, hasta la muerte.

Ahí es cuando Los Pepes atrapan a Gustavito, el hijo del finado Gustavo Gaviria y se lo llevan a torturarlo, para que diga dónde está Pablo Escobar, al final habla, luego de la muerte del capo, aparece Gustavito, muerto, torturado. Se había acabado la peste.

Los Pepes con la policía llegan al escondite en Los Olivos barrio de clase media de Medellín, donde asesinamos a Escobar, luego nos esfumamos y la policía se lleva el honor de la muerte, para nosotros era suficiente que estuviera muerto, para ellos era clave decir que lo habían matado, porque se llevaban los honores y el gobierno quedaba como héroe. Era el trato, todos ganábamos.

La versión oficial es que, en 1993 en diciembre, la policía intercepta una llamada que hace Escobar a su hijo, despliegan un operativo y le llegan a la casa donde lo matan. También se dice que Los Pepes se desintegraron enseguida apenas mataron a Escobar.

Pero el delito siguió vigente y Los Pepes se quedaron en Medellín desde donde todavía operan. Lo que los amantes de justicia alegan es que los asesinatos, secuestros y extorsiones de Los Pepes, nadie los pagó. No sucedió porque muchas autoridades estuvieron detrás de ello y los criminales caían por otros delitos o por otras razones y bueno, eso quedó así. El único que pagó los platos rotos fue Fidel Castaño que tuvo una condena de trece años y 3 mil salarios mínimos.

En un enfrentamiento con la guerrilla del EPL en la vereda Tiodocto en San Pedro de Urabá, Fidel es asesinado el 6 de enero de 1994, su hermano cae el 16 de abril de 2004 en la misma zona. Esta vez como que fue por un problema de faldas, aunque sus restos se hallaron hace pocos años, por lo que al inicio se dio por desaparecido.

Los hermanos Orejuela fueron el blanco después de eso y le dieron cacería para pasar cada uno por distintos procesos. Los del Cartel del Norte del Valle y los demás están muertos o en la cárcel y Los Pepes siguen impunes por ahí.

Raul Tacchuella

9 El error de contratar a José Salcedo

A mediados de 1995 nos dimos cuenta de la rata que era José Salcedo, dado que habló a la DEA y al ejército sobre la ubicación de Miguel. Incluso sugirió que rompieran todo. Rompieron paredes, techos, suelos, acabaron con closets, usaron interruptores de puertas secretas, pero no tuvieron suerte.

Cuando nos dimos cuenta de la rata que era, ya se había escondido de nosotros y tiene otro nombre en alguna parte del mundo.

Salcedo era un militar del ejército de Colombia que decidió pasar de combatir a las guerrillas del M 19 a ser el jefe de seguridad de nosotros. Con esto se empeñó en trabajar duro para acabar con Pablo Escobar, pero se terminó aliando con la DEA para sacrificarnos a nosotros.

José estudio ingeniería y aprovechó los contactos de su padre que trabajó para algunas compañías petroleras y químicas tras su retiro, para poder ofrecer servicios a refinerías de petróleo y afines y de la experiencia en tales labores surge la idea de fundar una empresa de seguridad.

Estudio ingeniería y economía en Estados Unidos, ingresa a las filas del ejército en el 82, en los tiempos en los que los militares peleaban con el M 19. La labor del hombre era de inteligencia, contactaba a informantes para conocer los desplazamientos de los guerrilleros. Trabaja hasta 1990, cuando el grupo entra a la vida civil.

También medio un fracasado plan para tomar el cuartel general de las FARC en la selva con mercenarios británicos. Para entonces tenían una empresa de seguridad para multinacionales petroleras con equipos para detectar comunicaciones y localizaciones de alto nivel.

Nosotros le seguimos la pista y sucede un hecho que marcaría decisiones posteriores. En 1984 Escobar, había mandado a matar a un amigo de Salcedo, era conocido desde la escuela y muy querido para él, nada más y nada menos que Rodrigo Lara Bonilla.

A nosotros nos lo recomendó un amigo del ejército porque tenía supuestamente muchos dotes, como el de visión nocturna, detectores de calor y GPS. En aquel entonces los GPS estaban solo en manos de los altos militares. Necesitaban a alguien capaz de protegerlos de los atentados de Escobar, ese era Salcedo.

Es ahí cuando nos reunimos y buscamos el plan para dar el golpe en la Hacienda Nápoles, queríamos sorprender a Escobar, queríamos llegar al zoológico, la red de carreteras, las pistas clandestinas, las diez casas y seis piscinas al lugar donde tenía ese montón de autos y motos.

Sabíamos que iba a estar ahí porque estaría celebrando la victoria del partido de fútbol, el Independiente Medellín en la Copa Libertadores de 1989. Dos helicópteros emprenden camino, uno se estrella en el trayecto y el otro aborta misión. Todo fue por culpa del peso, había mucho, algunos lo comentamos, pero decidieron irse así y la nave no soportó.

Pero Salcedo no paró, siguió con la inteligencia, con la tecnología, al hombre le dimos el apodo de McGyver, por todo lo que podía hacer. Salcedo también puso varios sobornos para armar contactos militares, comprar agentes de Cali, Medellín y Bogotá. Por este trabajo le pagábamos mil dólares al mes, casi nada teniendo en cuenta el dinero que hacía el cartel.

Él, Los Pepes, nosotros, el Bloque de Búsqueda, todo conspiró para por fin dar con el paradero de Escobar y acabarlo. Este hombre quiso irse cuando acabamos con Escobar, pero no lo dejamos, allí debimos sospechar, lo pusimos ahora a vigilar políticos, y personas de la palestra pública a ver qué podían hacer contra nosotros.

"Nunca entendieron que lo mejor que debieron haber hecho era darse por vencidos y decir: 'Hey, Pablo ha muerto, ya terminamos', así que tuve que empezar a escanear todas las posibilidades que pudieran derribar a los hermanos Rodríguez y evitarlas", confesó Salcedo a un medio tiempo después que se nos evadió.

Semanas después de la muerte de Escobar, Salcedo es contactado por gente de la DEA, tenían pruebas contra él, por un tema con unos explosivos que había comprado y a quien se los compró lo detuvieron y lo delató. Desde ese momento le tocó hacerse informante de la DEA.

Esto no era gratis, la rata esa recibiría una suma bien jugosa, al final le dieron 1.665.000 dólares y el ingreso al programa de testigos. La información de Salcedo permitió que muchas cosas turbias que sucedieron en nuestra intimidad salieran a la luz, también que se confiscara material para la fabricación de bombas y explosivos.

Todo se complicó cuando se descubrieron aportes económicos a la campaña de Samper, los hermanos comenzaron a ser perseguidos y a todas estas por cómo pasaban las cosas, comenzamos a sospechar que había un informante, la verdad yo fui uno de los sospechosos también, todos son sospechosos hasta descubrir el culpable. Salcedo, con el cargo de conciencia, solo agiliza el proceso de las capturas.

Es así como se dan golpes fallidos, como el de un edificio de Cali, cazando a Miguel, porque ya Gilberto estaba preso. Hombres del Bloque de Búsqueda cazando al jefe. Tanto dieron que al final lo encontraron.

Jorge Salcedo nos vendió, fue el cáncer del cartel. El hijo de Orejuela lo busco, William, lo hacía para matarlo, pero la DEA cumplió su palabra, lo sacó de Colombia, lo puso en Estados Unidos, con la protección de testigos y hasta hoy no sabemos dónde estará escondido ese malparido ni conocemos el nombre que le dieron.

Hace poco salió de su ratonera para darse un gusto y seguramente ganar dinero porque habló, lo que tanto le gusta, para darle ideas a Netflix y así hacer Narcos la tercera temporada. Cobró un poco de fama, pero siempre será el chivato que delató. Eso hasta los honrados lo ven mal.

Raul Tacchuella

10 La caída de Pacho Herrera

Quiero hablar de la caída de Pacho Herrera, porque es una de las más recordadas por las circunstancias en las que se dio. Sucedió una mañana de noviembre de 1998, cuando el equipo de fútbol del pabellón de máxima seguridad de la Cárcel de Palmira disputaba un partido mientras el capitán observaba desde la banca. Llegó un conocido de Pacho, cuando se vieron este se puso de pie, con una sonrisa amplía abrió los brazos y le dio un caluroso apretón, recordando viejos tiempo, el hombre se separó, le dijo "Lo siento, don Pacho" sacó un arma lo tomó del cuello y le dio diete disparos. Ese fue el último partido de Pacho Herrera.

El sicario que entró a la penitenciaria como otro visitante, tenía una cédula que lo identificaba como Rafael Ángel Uribe Serna, de 32 años y nacido en Putumayo. Pasó por el detector de metales, por dos puestos de control y sin problema alguno, dentro de la cárcel, alguien pasó por su lado y le do algo envuelto en una tela azul, era el arma homicida, se la había entregado un policía. Nadie se dio cuenta de esto y el nombre del policía que lo hizo no existe. El arma era alemana.

El pito del árbitro no sonó ese día para terminar el partido, las detonaciones fueron el fin de la recocha en la cancha. Mientras los guardias intentaban ayudar a Pacho, otros molían a golpes al pistolero. Tocó que un comando policial interviniera para salvar a Uribe Serna y llevarlo a un hospital donde se recuperó, Pacho por su parte no duró vivo ni minutos, en el Hospital San Vicente de Paul llega muerto. Tenía 48 años cuando muerte, tenía contusiones en el brazo derecho, un trauma en el tórax, lesiones en el rostro, una herida de tres centímetros en el lado derecho de la cabeza.

La verdad no sabemos por qué lo mataron, el hombre tenía bastante deuda por pagar. Muchos crímenes, era violento, era el antónimo de lo que queríamos nosotros, pero era parte del cartel y ni modo tocaba tolerar muchas cosas. Pero tenía cuentas con la droga, el lavado de dólares y muchas otras cosillas.

Uribe Serna afirma que lo mató porque él amenazo hacer lo mismo con la familia si no mataba al esmeraldero Víctor Carranza y como no cumplió la misión, era su familia o él. Luego las autoridades desestimaron este móvil, pues determinaron que el sicario lo mandó el Cartel del Norte del Valle en represalia por el atentado con el cabecilla Wilber Varela en 1996 que ordenó Herrera.

Pacho Herrera muere en su ley, por el narcotráfico violento que le dio fortuna y por el fútbol que lo amaba. Vean como los hermanos Orejuela nunca tuvieron atentados, el problema es cuando te ponen a echar bala, no puedes esperar morir resbalando en la tina o con un infarto, mueres a bala. Sobre el fútbol lo que más le gustaba a Pacho era ver los jugadores en el campo. Esto lo digo sin problema porque él admitía su homosexualidad abiertamente, desde que su padre el Papa Negro de la Cocaína lo rechazó y él aceptó esto, lo demás le valía poco. El que fuera gay no impedía que fuera violento, agresivo y sanguinario, para nada. Siempre lo vi bien vestido, con sus trajes y corbata, bien oloroso, con su metro setenta de estatura.

Gracias a que era muy bueno lavando dinero es que estuvo con nosotros y se posicionó muy bien. Ganó mucho y pudo hacer otras cosas. El conocimiento estratégico fue clave para nosotros, todo bien hasta que llegó la rivalidad con Escobar.

Además de lo que Escobar hizo de mandar droga a nombre de Pacho Herrera, también buscó otras formas de incriminarlos, por ejemplo, antes de escapar de La Catedral, dejó en su celda un álbum con fotos de todos los montajes posibles para identificar el aspecto de Pacho Herrera en ese momento, este siempre había evadido la justicia y se había mantenido con perfil bajo, por eso le llamaban El hombre de los mil rostros.

Se escapó de la muerte cuando en la cancha de fútbol de Los Cocos llegaron los hombres de Escobar y se pusieron sanguinarios en 1990. Por eso es que Pacho Herrera gasta casi toda su fortuna dándole caza a Escobar. Quería por sobre todo acabar con el Patrón.

Pacho Herrera se entrega luego de 16 meses de persecución a las autoridades, lo hace ante el general Rosso José Serrano y fue procesado solo por delitos de narcotráfico, enriquecimiento ilícito y concierto para delinquir y lavado de dólares. Le impusieron 14 años de prisión y una multa de 435 154 dólares.

11 Captura de Gilberto Rodríguez Orejuela

En un escondite de madera que simulaba un armario empotrado en el vestíbulo de una residencia de dos pisos, muy lujosa y en el barrio lujoso de Santa Mónica en Cali es capturado el atardecer de un viernes Gilberto Rodríguez Orejuela, tenía entonces 56 años. tenía un arma en la mano, pero al verse rodeado de los efectivos se quedó con ella colgando del pulgar mientras levantaba las manos y dijo que no dispararan que era un hombre de paz. Vestía una camisa a rayas, y tenía dos millones de pesos, como unos 300 mil dólares de entonces. También tenía dólares. Se logró luego de que le siguieran la pista por muchos días.

La aproximación decisiva sucede el mediodía de un día antes cuando detectan el ingreso del hombre a la residencia marcada con el número 28-80 de la avenida novena en el norte de Cali. Las autoridades tenían tiempo dándole cacería, habían hecho 2300 registros en la ciudad. Gilberto intentó zafarse de los perseguidores al pasar el patio de atrás de la casa contigua, marcada con el número 28-60, está también la vigilaban los de la guardia. El grupo entra en la casa, llega a la sala de televisión y siguen buscando hasta que dan captura.

Lo que sucede es esto, por entonces su pareja sentimental era Aura Rocío Restrepo, quien estaba en casa entonces, la reina de belleza abre la puerta, y los de élite no preguntan por el hombre o si tienen pan duro, no, ellos irrumpen a la brava, Aura cae al suelo, casi que la pisan, se ve amedrentada y amenazada con armas, los hombres comienzan a peinar la casa buscando a Gilberto, en la casa solo hay dos personas más. Siguen buscando, llegan hasta la otra casa que tenía conexión y buscan sin suerte. Algo que sí tenía la propiedad es que tenía mucho lujo, contraste con el frente que se veía abandonado, dejado, como si estuviera abandonada la casa. Entonces al llegar a una habitación ven un librero, normal, como si nada, hermoso también. Lo que les llama la atención es que había un adorno de cristal roto en el suelo, entonces se les enciende el bombillo, comienzan a golpear las paredes, alrededor del librero y se dan cuenta que es hueco, se las ingenian, rompen avanzan y así es que al final el hombre abre con el arma en la mano y rindiéndose.

Aura Rocío Restrepo permanece presa unos años por enriquecimiento ilícito y por ahí se quedó unas propiedades que no le quitó el gobierno, unas obras de arte y algo de dinero y hace poco sacó un libro donde cuenta su versión de los hechos. Esa mujer quiso de verdad al hombre, porque se la pasaba encerrada con él, ella fue la amante, pero la trató como la esposa, porque a la amante la dejaba en el país, le daba cosas puntuales y a la esposa la llevaba fuera del país a pasear, todo al revés, incluso Gilberto le dio a Aura un auto para que se lo pagara a cuotas y el auto era de segunda.

Bien, cuando atrapan a Gilberto, comienza el principio del fin para nosotros, nuestro presidente, el presidente que más caro nos ha salido, desde monetaria como a nivel de consecuencias, dijo rato después que atrapa a Gilberto, desde la Casa de Nariño, que era un duro golpe y que era el principio para acabar con el Cartel.

"No vamos a desfallecer hasta ver totalmente erradicado de Colombia este problema", dijo nuestro presidente.

Además, en esta intervención donde se jactaba de todo lo que había hecho también agregó que la lucha contra el narcotráfico exige "fortalecer la cooperación internacional, tanto en el intercambio de pruebas judiciales como en el combate del consumo en los países desarrollados, que también son los proveedores de los productos químicos para la obtención de cocaína".

Mientras a Gilberto lo llevaban a Bogotá en un avión, donde fueron comprobadas sus huellas dactilares y revisado por un médico para ver qué tal estaba de su hipertensión, se conocieron las primeras reacciones de Estados Unidos, la fiscal general Janet Reno, declara que se siente satisfecha por la captura, el subsecretario Michael Solk que está en Colombia dice que está encantado con la noticia de la captura de uno de los más importantes jefes del narcotráfico.

Cuando llega la noche, el embajador de Estados Unidos llega al Palacio de Nariño para entrevistarse con Samper, el vicepresidente es del gobierno español Narcís Sería, de visita en Colombia para un evento, también va a ver a Samper, y lo califica de algo importante en la lucha contra el narcotráfico. Desde la muerte de Escobar esto es lo mejor que ha pasado. Es un golpe importante y claro para todos, el héroe es el presidente de dinero narco Ernesto Samper. Las ironías de la vida. Este era apenas el inicio, porque irían tras Miguel, por el pedían 1,6 millones de dólares para la captura. 600 mil dólares por detener a José Santacruz, a Helmer, Phanor o Henry, quienes eran menores en el cartel.

El comienzo del fin.

En tal sentido, el hombre es sentenciado el 9 de junio de 1995 a quince años de cárcel, pero logra salir a los siete, es decir en el 2002, para todos fue una alegría ver al hombre de nuevo con nosotros, aunque ya no era el mismo, estaba controlado, le medían los pasos y prometió que no iba a delinquir más.

Sale en libertad porque un juez de nombre Pedro José Suárez, que era de los nuestros sacó una sentencia judicial de habeas corpus para tomar esta decisión. Dos años después las autoridades estadounidenses descubren un delito que no le habían sumado y le echan el guante de nuevo.

Cuando él salió tenía ya 63 años, estuvo en la cárcel de Combita, Boyacá, un grupo de fiscales revisa a detalle cada párrafo en el que buscaban como última esperanza impedir la salida de la cárcel, aplican las normas penales vigentes en 1990, época en la que sucedió el tráfico de droga que pagó en la cárcel.

Por todo esto se veía condenado a 24 años, pero se le rebaja la pena y al final solo paga 7. Esta vez también podía ser reducida, puesto que el embarque por el que se le acusaba no le pertenecía, sino que era de Miguel, se trataba de 150 kilos de droga que fueron mandados a Costa Rica, pero era un caso que se le imputaba a Miguel no a Gilberto, igual se lo endilgaron. La defensa no procedía y se le acusaba para irse preso. La captura se da a las 4 y media de la tarde, cuando tres agentes de la Fiscalía de Bogotá y de la Dijín de la Policía, lo interceptan cuando sale de su casa en Cali, ubicada en la avenida quinta norte con calle 23 en el barrio Versalles.

El hombre no opuso resistencia, cuando ve a las autoridades se rinde, se entrega sin decir nada. Lo llevan a la sede de la Policía Metropolitana de Cali donde es sacado de incognito al Aeropuerto Alfonso Bonilla Aragón, lo llevan a Bogotá y luego Estados Unidos le pone el ojo para pedirlo, lo quiere para él, quieren meterle la cadena perpetua, lo que pasa es que con el tratado que tienen con Colombia, eso no lo pueden hacer, por lo tanto le meten solamente 30 años que aún está pagando y que seguramente muera en la cárcel porque mi jefe tiene cáncer y ochenta años largos encima.

Cuando atrapan a Gilberto se instaló un miedo en la sociedad, donde decían que a lo mejor como lo habían apresado a él, seguramente los demás, es decir Miguel, Pacho y los otros se pondrían violentos, tal como sucedió en el Cartel de Medellín, Colombia tenía miedo todavía, no querían más tragedias como las que causó Escobar.

Al día siguiente del arresto de Gilberto ponen una bomba en Medellín, matando a 29 personas e hiriendo a 200, esta bomba la puso Pacho Herrera, en represalia contra Escobar, quien en realidad era el culpable de todo esto, por él el gobierno se fijó en nosotros, por él nos fuimos a la guerra y por él, nos cazaron, todo el mal narcotráfico de Colombia es culpa de Escobar.

Primero estuvo en La Picota, luego fue llevado con su hermano Miguel a la cárcel de Palmira, según las fuentes el traslado es por temas de salud que tenían los hermanos, pero la verdad es que los trasladaron para un favor a los gobiernos de turno, en la cárcel vivían rey, la celda era alfombrada, con baño propio, televisión por cable y sin restricciones de visitas, incluso recibía hasta 150 visitas semanales. Esa vida de lujos se acaba cuando lo trasladan a Combita, cárcel de máxima seguridad construida en apoyo con la DEA, por primera vez Gilberto es tratado como un preso, por ejemplo, cuando llegó la hora de cortarle el cabello, pidió que le pasaran la tres, pero le pasaron la uno como era la orden. Quedando pelón como todos. Al momento de ducharse debía hacer la fila como los demás, sin embargo, la actitud del Ajedrecista era calmada, sabía que eso no duraría mucho y en efectos dos meses después del traslado, introduce un recurso y sale de la cárcel. Luego que sale se ve feliz, en fiestas y conciertos como el de Carlos Vives, pero esto dura poco porque a los 4 meses lo arrestan para no salir más. Es llevado de nuevo a Combita, se había salvado de la extradición porque esta no era retroactiva y no podía pagar delitos antes 1997, pero el gobierno estadounidense no quería perderse la oportunidad, entonces sacaron pruebas de que estuvo delinquiendo desde la prisión y lo pidió en extradición.

Junto con su hermano Miguel encerrado, pagan unos millones de dólares para darnos inmunidad a quienes estábamos libres, toda la familia, unas 30 personas, hoy en día, sigue preso en una cárcel en Carolina del Norte, con un cáncer comiéndole el cuerpo y seguramente esperando la muerte.

Fue el jaque mate para el ajedrecista.

Raul Tacchuella

12 Captura de Miguel Rodríguez Orejuela

En una oportunidad estaban a punto de capturar a Miguel, peor uno de los contactos avisó del peligro y para la hora en que las autoridades llegaron a la residencia, ya Miguel estaba bien lejos. Con un ejército como este, la única forma posible para capturar a Miguel era que consiguieran alguien dentro que les avisara y ya tenían a la rata de Salcedo. Entonces comienzan a recibir información de este. El 15 de julio de 1995 el infiltrado de la DEA cumple la palabra y da información de que Miguel está en el edificio Colina de Santa Rita, en Cali de inmediato llega un operativo de la DEA con autoridades colombianas, al llegar al sitio, estaban dos personas, las mujeres de servicio y un empleado nuestro llamado Jorge Castillo, alias Fercho. Comienzan a revisar el lugar, pero el capo no aparece por ningún lado. El hombre estaba escondido en una caleta en el baño, que ni el mismo Salcedo conocía, por horas voltean ese apartamento y nada, se sienten frustrados. Entonces al final las autoridades deciden terminar el operativo y retirarse. Pensaban que el infiltrado les jugaba una broma, el hombre de la DEA llama a Salcedo y le dice que en esa casa no hay nadie, que se va a ir.

Jorge Salcedo saca un as bajo la manga, dice que en el escritorio rojo de madera que está en el salón hay unos documentos importantes, que lo rompan que van a la segura, entonces comienzan a hacerlo, no logran abrirlo, lo destruyen y en efecto consiguen documentación. Estos documentos eran de transacciones y sobornos llevados a cabo por los hermanos. Con este hecho Salcedo recupera la confianza, entonces siguen buscando por toda la casa, y llegan al baño y comienzan a ver que hay un desfase de 42 centímetros entre la cavidad externa y el tamaño del baño. Deciden perforar con un taladro, sabían que allí estaba Miguel, es ahí cuando llega un fiscal, amigo de la familia y echa a las autoridades porque no tienen orden para estar allí.

Estos se van y Miguel escapa, cuando las autoridades vuelven, con una orden ya en casa no había nadie, solo unas toallas manchadas de sangre, que había usado Miguel para limpiarse las heridas producidas por la mecha del taladro. También había un tanque de oxígeno con el que pudo sobrevivir todo ese tiempo.

Esta alegría duraría un par de semanas porque el 6 de agosto del 95, las autoridades darían el gran golpe, Jorge Salcedo de nuevo filtra dónde está el capo, de este modo la DEA va de nuevo junto con autoridades colombianas, esta vez no se dejaron la orden de arresto sí que la llevaron. Para llegar al edificio usaron un canal de desagüe que llevaba a diez metros de él. Por eso nadie los pudo detectar. Con esa orden que llevaban podían hasta tumbar la puerta de entrada y poner patas arriba el edificio.

Llegaron al apartamento con patada en la puerta, el apartamento era gigante, ocupaba todo el piso diez, medía 400 metros cuadrados las autoridades comenzaron a revisar, cuando de repente escuchan la voz de uno de los soldados que tenía al capo en las manos, y sí, allí tenían a Miguel, cuando iba a entrar a una caleta que eran tan impresionante que nadie hubiera podido dar con ella. Miguel es llevado a la Picota de Bogotá y sentenciado a 15 años de cárcel. Posteriormente es llevado con Gilberto a la cárcel de Palmira. Allí gozaron de todos los beneficios tal como Gilberto.

La vida de rey se acaba cuando lo mandan a Combita y pasó lo mismo que Gilberto. Pero igual Miguel poco a poco fue imponiendo la autoridad en la cárcel, se ganó el respeto de los bandidos porque les reglaba tarjetas para llamar, zapatos, proporcionaba autobuses para que los familiares de los presos pudieran ir a visitarlos los días de visita. También prestó los abogados para que los asesorara en sus casos. Del total los cuatro baños que había, uno era de uso de Miguel y uno de los presos lo debía limpiar y mantenerlo perfecto. Miguel también logró infiltrar a distintas autoridades en la prisión los cuales eran parte de la nómina de 16 millones de pesos al mes.

Se había salvado de la extradición, pero el gobierno norteamericano lo acusa del blanqueo de miles de millones de dólares y el envío de toneladas de cocaína al país mientras estaba en prisión, entonces lo extraditan.

Así son llevados a cumplir 30 años de cárcel.

Hoy en día está en Carolina del Sur, y se estima que sea liberado en el 2030.

El general retirado Rosso José Serrano fue el que estuvo al frente de estas capturas. Pasó frustración para poder dar con los hermanos, de no ser por el bocón no habían dado con Miguel.

Diría el hombre en su momento "Tuvimos una gran frustración porque 15 días antes se había escondido en una caletica, en un apartamento de 70 metros. El informante nos decía que allí estaba (...) lo único que encontramos fue una base con 25 líneas telefónicas y ropa nueva". Esa operación fue suspendida a las seis de la tarde, luego de horas de búsqueda.

Pero luego le dicen que sí que el hombre estaba en ese apartamento, que esa vez se escapó por el shut de la basura. Le siguen haciendo inteligencia, incluso apagan la luz del edificio, y ven que queda una llama esta es la vela de la Virgen del Carmen a la que era devoto Miguel. Este siempre la alumbraba y pues ese día allanan el apartamento. Cuando lo atrapan Miguel estaba en pantaloncillos.

Raul Tacchuella

13 Captura de José Santacruz Londoño

Algo que tenía Chepe es que no se dejaba atrapar fácilmente, andaba en autos corrientes para no llamar la atención, no había datos para seguirle la pista. Pero el 14 de marzo de 1995 se consiguen buenas pistas, llegan a una propiedad del narco, con información valiosa para seguirle los pasos y sumar información que lo fue cercando poco a poco, con nuevos allanamientos e informantes le siguen la pista y el 30 de abril le hacen una búsqueda incesante, pero sin poder dar con él, el capo siempre estaba un paso delante de ellos.

Cuando llegaba el bloque de búsqueda no hallaban nada, entonces deciden ir a Bogotá le siguen el paso al hombre. Siguiendo los pasos de un gerente de una empresa, con la esperanza de dar con Chepe. Pero los resultados tampoco son buenos para ellos, Chepe seguía huyendo.

Pero le dan datos de que Chepe está en Cali y que tenía una enfermedad y que iba para Bogotá al día siguiente, el 19 de junio arma un operativo inmenso y revisa cada hospital y clínica de Bogotá. Aunque no hay señales de Chepe, sí dicen que le vieron en un restaurante en Bogotá. A partir de ahí, infiltran personas en burdeles, restaurantes y demás sitios donde se la pasaba Chepe, finalmente el 4 de julio dos agentes del Bloque de Búsqueda llegan a un restaurante llamado Carbón de Palo donde pueden identificar al gerente al que habían seguido anteriormente, allí se sientan unos agentes con la esperanza de ver a Chepe, a las 7 y 45 de la noche entra Chepe, un oficial se comunica con Serrano para informar que se encontraba allí, Serrano no tenía hombres en el lugar, pero vivía cerca y llama a su esposa para que manden a la escolta de la casa, estos van rápido, entran y apresan al hombre que para sorpresa, no se opone, se entrega sin rechistar. Chepe es llevado a La Picota de Bogotá.

Chepe no era hombre de estar tras las rejas, así que contrata a los arquitectos Vélez para que le ayuden a escapar. El 11 de enero de 1996 Chepe es trasladado de su celda a una celda con un vidrio de por medio para ser interrogado por un fiscal sin rostro. Luego de esto, el fiscal se retira y

Chepe es regresado a la celda, pero les dice a los guardias que el interrogatorio no había terminado, que seguiría en la tarde, esto era una mentira, ya que el plan era sacar a Chepe en un ato igual al del fiscal. Pasadas algunas horas un auto igual del fiscal, entra a la prisión con la excusa de que tenían que seguir con el interrogatorio con Chepe. Este es llevado al cubículo, el cual tenía el vidrio suelto ya que Chepe había pagado para ello. Quitaron el vidrio y se escapó. En la puerta no hubo problema porque era normal que los fiscales entraran y salieran a su antojo. La razón por la que Chepe escapó es que los miembros del Cartel del Norte del Valle le querían asesinar, a él y los Orejuela en prisión, entonces se fuga para enfrentarlos. Ahí el hombre se convierte en fantasma hasta para nosotros. No sabíamos dónde estaba, el gobierno ofrecía una recompensa de dos millones.

Pero Chepe se había metido en la boca del lobo y eso lo lamentamos todo después, se fue para Antioquia, allí Escobar le había ofrecido la muerte. Pero quedaban algunos secuaces a su servicio que vivían, Santacruz estaba allí para hacer alianzas y armar la producción, distribución y venta de cocaína que estaba fuertemente golpeada. Además de esto, contrató sicarios para que eliminara un grupo selectivo de personas que en el pasado trabajaron para él o el cartel. Eran personas que podían haber hablado en su contra o algún socio, todos fueron asesinados.

Otro de los trabajos era el asesinato de Rosso José Serrano, con esto en mente establece contacto con nosotros que aún le reconocíamos la autoridad y con efectivos desperdigados del Cartel, pero esto dura poco, porque el 5 de marzo del 96 lo matan. La versión oficial dice que él estaba en la Cola del zorro cuando unos patrulleros lo reconocen y abren fuego, Chepe responde y luego de esto es abatido en un procedimiento no exento de muchas lagunas. Sin embargo, todo esto es mentira, la verdad es que es abatido por una operación planeada por las Autodefensas Unidas de Colombia, Carlos Castaño Gil, con la colaboración del Cartel del Norte del Valle y militares, así le vendieron la idea de que la policía lo había abatido.

Un familiar de Escobar es quien reclama el cuerpo de Chepe con la intención para mandarlo a Cali, así llega el fin de la vida de Chepe o Víctor Crespo o tantos otros nombres que usó.

Así, como van viendo, fuimos siendo arrinconados y eliminados, el Cartel de Cali se acababa, solo quedábamos los pequeños, los que nunca salimos en noticias ni imágenes y que importábamos poco a la opinión pública. La realidad es que la muerte se llevaba a todos y no nos quedaba más que ocultarnos con lo que teníamos y resignarnos a que esta etapa tan apasionante y a la vez miserable había terminado para siempre.

En mi caso, que como dije fui miembro del Cartel y operé en distintos espacios pero nunca figuré, tuve en algunas ocasiones que llevar dinero, en otras comer con figuras públicas, varias veces fui a sitios de clase y otras llevé armamento para la guerra o pagué sobornos, yo era algo así como un "todero" y siempre estuve en casa de alguno de los Orejuela, porque era la mano derecha de ellos, por eso cualquier cosa que necesitaran me la pedían a mí.

¿Maté a alguien? No, pero sí presencié muchos asesinatos, más en los tiempos duros del Cartel, estuve presente en torturas, en descuartizamiento y en desaparición de cadáveres. Era parte del trabajo y la cumplí hasta el final.

Ahora me queda la jubilación. Esta vida tranquila lejos de todo, sin enemigos, solo con recuerdos de una vida que ya pasó y que ahora ocupan otros, son otros los que montan presidentes, almuerzan con personajes que en la noche comen con los bandidos y en el día salen en Noticias Caracol hablando de justicia y corrupción.

Presidentes que son acusados de dineros calientes por personas que reciben su tajada. Esto es una cadena que no se rompe, en algún momento ellos caerán y subirán otros, así es este negocio del narcotráfico, rotativo, pero nunca se detiene. Hay mucha demanda y todos comemos, desde los bandidos con antecedentes penales hasta los encorbatados de cuello blanco.

Raul Tacchuella

14 Luego de atrapados

En el 2005 el presidente Uribe decide mandar a Estados Unidos a Miguel, tenía esa filosofía que colombiano pedido colombiano ido, una mañana de viernes es preparado por la DEA Miguel para el envío, le prestan un celular para que se despida de la familia y hace varias llamadas, entre esas una a mí, donde me da las gracias por los años que le serví, que leales pocos, que desde que no era nadie estuve con ellos y en las peores también y me contó otras cosas que me reservo porque me delataría decirlas.

Luego de esto cuelga, lo montan al avión y se lo llevan a Estados Unidos, apenas llega allá, me entero después, que le dicen que podrá ver a su hermano, saludarlo, hablar. Y así es, llevan al hombre a la misma prisión donde está Gilberto. Se abrazan y lloran emocionados por volverse a ver. Lo mejor de todo esto, poco después dicen que tienen celda para ellos dos. Estarán juntos.

Desde ese día ocupan la misma habitación donde tienen dos camas y un baño. Además de que se pueden comunicar por teléfono con la familia. Luego unos días después mejoran todavía más el estatus en la cárcel. Luego los llevan a una celda donde tienen hasta un pequeño gimnasio y pueden salir varias horas a tomar el sol. Todo esto se logra gracias al dinero y también a que hay un fiscal de apellido Moreno que le ayuda y hablan de las condiciones de la celda y de cómo vivía en situación inhumana y pedía que le mejorarán la estadía. Además, decía que cada hora en la noche pasaba el carcelario y le iluminaba el rostro y esto no era humano. Que esto debía cambiar.

Tiempos después a Gilberto lo dejan en libertad porque cumple su condena y antes de salir le hacen firmar un documento donde se compromete a llevar una vida ejemplar. Pero esta tranquilidad en la que se pone a vivir no duraría mucho. Su hijo mediano es capturado con cocaína pura y esto le puede poner en riesgo su libertad condicional.

Semanas después un fiscal especializado de Bogotá le da una estocada más y ordena la recaptura de Gilberto por 150 kilos de cocaína descubiertos en Costa Rica y del que hasta el momento aparecía como propietario Miguel, pero no Gilberto. Este alega su inocencia, dice que no tiene nada que ver con eso, que ya Miguel cargaba con la culpa del delito y bueno admite que por años sí movimos droga, pero juró que el cargamento era de Miguel no de él, la verdad era esa, no tenía nada que ver con ese cargamento, pero la justicia nos la tenía jurada y solo quería encerrar y acabar con todo lo que se tradujera en droga, además de que otros querían comer del negocio y nosotros ya éramos un estorbo, había pasado nuestro momento.

Por esto, termina de nuevo acusado y es trasladado a la prisión de máxima seguridad. Ese tiempo lo provechó la justicia estadounidense para abrir casos en Florida y pedirlo en extradición. Las acusaciones decían que había delinquido desde prisión.

Ya Gilberto no saldría más y no saldrá, porque está muy enfermo y achacoso, salió, pero a un avión de la DEA y montado para ser llevado a Estados Unidos.

Un periodista que hizo bulla un tiempo por ahí fue Alberto Giraldo, que bastante cercanía tuvo con nosotros, cuando todo esto explota se desaparece y no quería hablar de la relación de amistad que tuvo con nosotros.

Pero este hombre estuvo varias veces en la casa. En una de esas, cuando todo ya estaba caliente, él viaja a casa y se instala donde Miguel, era el sitio más seguro entonces. Estuvo allí hasta el 20 de mayo del 95, pero luego se va porque el ambiente era tenso, había mucha presión. El general Montenegro estaba encargado de hacernos la vida de cuadros, especialmente a los hermanos Orejuela. Ya habíamos recibidos golpes fuertes y Giraldo consideró peligroso seguirse quedando, por lo que se va.

Montenegro estaba duro, hacía allanamientos diarios a casas y apartamentos, patada en la puerta y poniendo todo patas arriba para conseguir la verdad. Llevaban medios y esto era todo un show televisado, incluso fue tan bravo esto que cuando algún periodista no lograba grabar, Montenegro repetía el allanamiento, la idea era que se grabara el espectaculo.

Muchas veces volvían a patear la puerta ya desvencijada y se repetía el operativo, todo con tal de que se grabara. Se tenía que ver la eficacia del trabajo.

Giraldo se va de casa con un chofer de Miguel, aunque tiempo después decide entregarse por su cuenta porque se sabía perdido. Fue ocn su abogado y se identificó, dijo quien era, lo procesan y luego lo llevan para la Modelo, lo metieron en un pabellón recien construido y una celda a estrenar.

El hombre entra y ya tenía el cuidado de Gilberto que mandó a decir que le protegerían en la carcel. Le dieron una celda y estuvo bien, pero lo más curioso de todo es que quien le protegió fue Popeye, quien luego de la muerte de Escobar, se buscaba la vida, viendo cómo ganar más plata y bueno, era poderoso en esa carcel y era un ingreso extra que protegiera a Giraldo.

En sus buenos tiempos Popeye fue uno de los hombres cercanos de Escobar, mató a un montón de gente y estuvo bien posicionado, luego se vendió como el sicario de sicarios, pero la verdad es que Pinina fue más peligroso que él. Popeye se entrega a la justicia cuando ve que están cazando sicarios y matandolos sin piedad, sabía que Escobar estaba perdido y lo mejor que podía hacer era meterse en la boca del lobo y pagar sus culpas.

Popeye guía a Giraldo hasta su celda que era limpia, pelada, no había nada, solo una plancha de cemento donde dormiría. Popeye le da unas alpargatas y le recomendó que se quitara el saco, la corbata y los zapatos y que se pusiera cómodo con la ropa que le habían dado.

La Dijín en el desarrollo de todo este operativo que puso contra nosotros atrapó a 38 personas entre las que estaban tres hijos y una hermana de los hermanos. Esto que cuento no ocurrió hace muchos años, fue hace un tiempo, yo, personalmente ya estoy retirado, pero sí sé que la gente anda sindicada en algunas cosas que suceden por allí, pero de las que no quiero hablar porque no es la idea delatar.

Cuando atraparon a los hermanos, recordemos que ellos pagaron a cambio de que no metieran presa a nadie de su familia ni a nosotros, a mí, a nadie pues. Pero pasaron los años, sucedieron otros delitos y hace un tiempo capturan en Cali a tres hijos de Gilberto: María, Jaime y Humberto, por suerte para ellos no había pedidos de extradición, Amparo es a la que detienen que es hermana de los Orejuela, ellos no los agarraron por exportar droga, sino lavando dinero, es que es tanta la plata que aún hoy sigue quedando reducto de todo eso.

También la captura se da porque los parientes no han entregado 150 bienes declarados por los narcotraficantes y que se habían comprometido a entregar a las autoridades de la DEA, el pacto consistía en que los hermanos se declaraban culpables entregaban una plata y también unos bienes. La idea era que renunciaran a los millones de dólares. Pero eso no pasó y la justicia aparece de nuevo para pasar factura.

Entre esos que agarraron estaban los testaferros, contadores, abogados nuestros. Uno de ellos es Wilfrido Palma, presidente de una cooperativa que reunía a gente de Droguería La Rebaja que aún es nuestra, aunque no lo crean.

Las capturas ocurren tras una semana de seguimiento hasta una de nuestras casas en Cali donde encuentran a la familia Orejuela sindicada de dirigir una banda de lavado de dinero del narcotráfico. También le siguieron pista en Barranquilla, Bogotá, Bucaramanga y San Andrés.

Aunque la acusación es ridícula, el lavado apenas de 15 millones de dólares, cuando hemos lavado mucho más. De esos 10 millones los decomisan en propiedades.

Un fiscal también le imputa a María Alexandra, Jaime y Humberto Rodríguez Mondragón, hijos de Gilberto, el delito de lavado de activos.

En esta ocasión le imputaban 35 bienes del clan familiar que según autoridades estaban ocultando. Esto fue por parte del juzgado del Valle del Cauca, aunque se encuentran libres a pesar de la acusación.

Lo que dicen las acusaciones es que le tienen el ojo puesto porque saben que andan lavando dinero. Dicen que pretenden dar apariencia de legalidad a los recursos del narcotráfico.

15 Droguerías La Rebaja

Con movidas muy inteligentes los hermanos Orjuela han buscado quedarse con muchas cosas, no olvidemos que tenemos al Ajedrecista moviendo sus piezas, a pesar de estar en Estados Unidos. Por ejemplo, ellos se quedaron con la administración de Droguerías La Rebaja, que es la joya de la corona en todo esto, aunque sus testaferros le hacen persecución y les quieren echar el gancho.

Cuando los hermanos son recluidos en Estados Unidos entregan 2100 millones de dólares en propiedades, 28 de los familiares cercanos firman un acuerdo con el gobierno para entregar hasta el último de los bienes que esté directa o indirectamente ligado al narcotráfico. La justicia sin embargo determinó que no fue así, a pesar de esa promesa, los capos ocultaron parte de la fortuna con los hijos, sobrinos y otros familiares.

Entre los involucrados teníamos a Jaime, a Juan Carlos Muñoz Rodríguez, María Teresa Quiazua Espinel, Amparo Arbeláez Pardo, María Fernanda Rodríguez Arbeláez, Juan Miguel Rodríguez Arbeláez, Julio César Muñoz Cortés y Rafael Guillermo Arjona Alvarado, todos ellos fueron llamados por las autoridades y buscaban meterle nueve años de cárcel por el delito de receptación, legalización y ocultamiento de bienes provenientes de actividades ilícitas.

Según alega la Fiscalía, la fachada que usaron para blanquear el dinero fue la cooperativa de ahorro y crédito Caja Solidaria, que entre 1997 y 1998 tuvo unos movimientos millonarios inexplicables.

También se detalla que en los 90 cuando negociaban su condena entregaron Droguería La Rebaja, pero se ha visto que la empresa ha tenido un incremento patrimonial injustificado que ascendió de los 34 millones a los 132 mil millones de pesos.

Dijo el fallo que llevaba el caso en esos tiempos: "No es más que tratar de dar apariencia a capitales fruto de actividades ilícitas que se inyectaron a la empresa, pues la diferencia entre los valores de la cesión en el año 1990 y los de venta en el año 1996 fue desproporcionada y en todo caso sin sustento alguno, a lo cual se le suma que quienes continuaron manejando y tomando decisiones sobre la empresa fueron los hermanos Rodríguez Orejuela".

Luego para el 96 los hermanos deciden vender la Cooperativa Coopservir, conformada en noviembre del 95 por trabajadores de la misma para evitar la liquidación. Esta negociación se hizo por el monto de 35 mil millones y comprendió la venta de 344 establecimientos de comercio o sucursales, una bodega de Pereira, una oficina en Cali y dos centros médicos, uno en Cali y el otro en Popayán.

Igualmente, las investigaciones arrojaron que, en noviembre de 1997 y octubre de 1998, la cooperativa hizo circular 26290 millones sin tener en cuenta movimientos de cuentas que fueron saldadas. Cuando se pusieron a investigar, determinaron que la representante de la entidad, doña María Teresa, suscribió nueve contratos con seis sucursales de la entidad Coopservir, la Comsecoop, Jaime Rodríguez Mondragón y Luz Stella Pérez y cuyo objetivo era recaudar el dinero de ventas, administrarlo y abrir nuevas cuentas.

Aunque la familia estaba entregada a procesar el dinero y evitar que los cogieran las autoridades, algunas cayeron, como estas que trascendieron a las noticias, otras no las han detectado y espero nunca lo hagan. No las nombraré porque sería un chivatazo y esto es muy delicado. Lo que sí cuento es lo que ya fue capturado y no doy detalles precisamente para no dejarle pistas a los sabuesos.

Cuando esta gente investigó estableció que las entidades como las personas que he nombrado ya, tenían estrecha relación con empresas creadas y manejadas por los Orejuela, las entidades financieras tuvieron movimientos elevados por parte de la Cooperativa de Ahorro y Crédito, la Caja Solidaria, movimiento que entre noviembre del 97 y 98 sumaron unos 26290 millones de pesos sin que tuvieran una verdadera justificación. Al contrario, se vio que la representante legal, María Teresa Quiazua abrió 24 cuentas bancarias en distintas ciudades como Barranquilla, Bogotá, Bucaramanga, Cali y Neiva.

El fallo tiene otro dato clave, se muestra que los hermanos Orejuela cedieron las empresas y familiares y de manera simulada. Para el juzgado las transferencias de acciones hechas a hijos y familia se hicieron de manera irregular, y sí, en algo tienen razón.

Otras de las empresas que recibieron un manejo parecido fueron los laboratorios Kressfor, Blanco Pharma, Blaimar y Centercos, empresas que cedieron a familiares de los hermanos y en 1996 las vendieron a cooperativas Cosmepop y Farmacoop, conformadas por empleados de estas quienes también suscribieron contratos de mandatos par la administración de los recursos y cuya forma de traspaso y modus operandi permitieron deducir que se usaron para meter capitales originados en el narcotráfico.

Para poder comprender todo esto, hay que ver lo que dijeron un par de personajes que en su momento fueron muy conocidos por todo este escándalo: Guillermo Pallomari González y Daniel Serrano Gómez, colaboradores nuestros, quienes afirmaron que: "las empresas de estos ciudadanos fueron inyectadas con capital proveniente del narcotráfico y que varios de sus empleados participaron en reuniones para fijar procedimientos para realizar operaciones de blanqueo de dichos activos".

Chivatos.

El juzgado cuestionó que las familias de los ex jefes negaron que los orígenes del dinero que llegaba a las compañías no sabían que había llegado, alegaban que esto era sentido común, no era difícil determinar de dónde venían esos dineros.

Aunque los hermanos aceptaron que iban a entregar bienes, nunca firmaron un documento por lo tanto tan ilegal no estaba la cosa. Ninguno de los familiares estaba en esa lista, dijo Miguel, tampoco los hermanos le dejaron nada a sus hijos o familiares para hacerlos testaferros, tampoco para que los empleados lo fueran como en el caso de Drogas La Rebaja o Laboratorios Klessfor.

Aunque los hermanos estaban presos allá, su presencia estaba aquí en Cali, por eso no perdieron el control de la Droguería La Rebaja, ni de Blanco Pharma o de Laboratorios Klessfor. Nosotros lo vimos callados, fueron las ratas de Guillermo Pallomari y Daniel Gómez quienes delataron esto. Eso hizo que llamaran a declarar a la esposa de Miguel, a los hijos, también a hijos de Gilberto y otros cuantos más. De nuevo, no figuré, por fortuna.

Llamaron a juicio a Jaime, Humberto y María Alexandra Rodríguez Mondragón; así como a María Fernanda y Juan Miguel Rodríguez Arbeláez junto con su madre, Amparo Arbeláez Pardo, pero esto se dio lento, desde el 99 estaban en eso, porque sospechaban que seguían bajo el ala de los hermanos. Por más de diez años el caso pasó de mano en mano y no tuvo progreso.

Los documentos mostraban que todo había sido manipulación para agruparlos en las empresas que nombré párrafos atrás Coopservir y Cosmepop, se dice que fueron manipulados para montar la empresa de esta manera y seguir con el control.

Pero como siempre los movimientos de la plata dejan huella y es lo que siguieron los sabuesos. Vieron lo de Caja Agraria, que fueron cinco cuentas, las seis en Granahorrar, seis más en el Banco del Estado y cuatro en Bancafé. La Policía encuentra que los recursos que se manejan en esas cuentas tenían unas sumas altas que no tienen un soporte claro.

Las cuentas solo las abría ella, y la cantidad tan alta de dinero que movía hacía que los bancos encendieran las alarmas y reportaran las transacciones. Las cuentas las abrían, las movían dos meses y luego abrían otras.

Claro, la familia de los Orejuela se defendió diciendo que nunca habían comprado la Rebaja, Blanco Pharma o Kressfor, ellos dicen que siguen las reglas del documento firmado de entregar todo.

Aunque las acusaciones eran sólidas, la familia dice que Pallomari y Daniel Gómez mentían, que lo que decían no era válido.

"El señor Pallomari tiene razones para mentir, pues señaló a Miguel Rodríguez como responsable de la muerte de su esposa". Aunque la verdad es que eso está allí, puesto en bandeja, todas las empresas que manejó el cartel las pusieron a nombre de otros cercanos al cartel, a gente identificada, por eso es que les tienen el ojo puesto.

Con el tema de Drogas La Rebaja en el año 2005 el empresario Andrés Hernández Bohmer toma las riendas. La compra de la cadena de supermercado Jota Gómez les permitió ampliarse a distintos puntos de la ciudad. Como agente interventor designado por la Superintendencia de Economía Solidaria, Hernández recibe un inventario de medicamentos en 415 locales que se reparten por toda Colombia y años después la cadena tiene 872 locales, generando 7 mil empleos directos y 30 mil indirectos. Los ingresos anuales son de 1,2 billones de pesos, lo que coloca a la empresa entre las 50 más grandes del país.

Con esto, Hernández le pide a la Superintendencia que levante la intervención, aunque solo recibió silencio, el superintendente Héctor Raúl Ruíz, buscaba descabezar a Hernández y lo logra, para luego poner a la caleña Martha Cecilia Caracas Montaño, pero pronto es removida y es puesto Fernando Umaña Villanueva.

Drogas La Rebaja que nace en Mariquita en 1983, desde donde Gilberto fue mensajero por allá hace muchas generaciones atrás y luego fue manager para terminar siendo dueño. Cuando en los ochenta le compran a los Arango la cadena de supermercado Jota Gómez, la llaman la Rebaja y arman la red, luego que toman a los hermanos la droguería pasa a manos de Jaime Rodríguez Mondragón, formado profesionalmente en Stanford.

Pero luego sale la Ley Clinton que busca descabezar los dineros del narcotráfico y pusieron todo color de hormiga.

Pero es que ni siquiera las decenas de bombas que puso Escobar había hecho temblar tanto al emporio familiar, la guerra era dura, porque Estados Unidos, que en eso es bueno, prohibió enviar medicina, es decir, nos bloqueó para que ningún proveedor o multinacional farmacéutica tuviera negocios con nosotros.

Pero la presión internacional no estaba acompasada con las acciones judiciales, porque la fiscalía de Gustavo de Greiff inexplicablemente cierra la investigación contra la droguería en 1996.

La mejor manera es con las cooperativas que se toman los empleados. Pero eludir la lista Clinton no es tarea fácil, en 1998 100 de los trabajadores son incluidos en ella. por un buen tiempo los trabajadores no pudieron acceder a la seguridad social ni al fondo de pensiones, además no tenían oportunidad de obtener préstamos o abrir cuentas de ahorros en ningún banco. Un par de años después ven que la venta fue ficticia. Una de las casas de Ciudad Jardín es allanada y en la caja fuerte encuentran libros oficiales cd´s y una contabilidad que comprobaba ese secreto y ponía en jaque todo el juego de Gilberto. Droguerías La Rebaja seguía siendo de los Orejuela. Pero Álvaro Uribe intervino la cadena en 2005.

El Departamento del Tesoro de los Estados Unidos encuentra que solo el 5% de los activos era de los trabajadores y el resto eran deudas contraídas en la segunda generación de la familia. Deudas que llegaban a los 132 mil millones. Pero de nuevo hablaron los pájaros Pallomari y Daniel Serrano, diciendo en 2013 que los Orejuela aún controlaban el emporio.

Por eso es que llaman a Fiscalía para juicio a los hermanos Jaime, Humberto y María Alexandra Rodríguez Mondragón y a sus primos, María Fernanda y Juan Miguel Rodríguez Arbeláez junto a su madre Amparo Arbeláez Pardo. Pero por fin luego de veinte años retiran a la empresa de la lista Clinton,

Ya poco queda de todo esto, mi jefe, el preferido de los dos, Gilberto, ya es nada de lo que fue, poco queda de ese hombre poderoso, de barba cuidada que le dio guerra a Escobar y supo mover las fichas para ganar la guerra.

Ahora es un pobre anciano, es frágil, tiene que usar caminador y sale constantemente de la celda para ir a la enfermería de la prisión. Sus abogados han buscado la manera de que lo liberen, que salga antes, ya tiene 25 años preso, pero la libertad se la negaron, lo quieren sacar en una bolsa negra de allí, no vivo.

Yo no es que sea un adolescente, también estoy viejo. Pero no tan achacoso como él, la cárcel te come la juventud.

El Ajedrecista ya tiene 81 años, sufre de todo, la edad, los achaques, un cáncer, incluso en 2004 sufrió un infarto, el cáncer de colon se lo come, tiene problemas de próstata, la hipertensión desde los noventa, gota, ni hablar de su cabeza que anda medio ira. Además de todo esto muchos condenados en la celda tienen el virus de 2020, el que tiene una corona al inicio del nombre. La defensa también jugó para que la pandemia fuera boleto de salida para el hombre, pero nada, se niegan a darle el derecho a la libertad y pasar sus últimos días con la familia.

Un juez llamado Federico Moreno le negó la aplicación a Rodríguez Orejuela la Lay del Primer Paso que fue aprobada en 2018 para descongestionar las cárceles. Es una ley que ya ha liberado a más de 3000 presos. El capo buscaba beneficiarse de la norma que beneficia a delincuentes de bajo riesgo, pero la corte del Distrito Sur de Florida pesó el recuerdo del peligroso capo y no la imagen del ancianito enfermo y entonces lo negaron.

Por año no supe nada de los hermanos, es decir, verlos en fotografías, en noticias, solo lo que me llegaba de noticias de la familia que lo visitaba, pero ni una foto. Me dio dolor verlo tan achacoso, acabado, la edad no ha sido amable con nadie, poco queda de mí, de este buenmozo que fui una vez. Miguel tampoco anda tan bien, tiene 76 años, está preso en Carolina del Norte. Gilberto, un anciano canoso y deteriorado, decía que una condena de 25 años de cárcel era cadena perpetua para él. Según las cuentas, el Ajedrecista quedaría libre a los 95 años, pero la verdad es que con las condiciones de salud que tiene ahora, dudo mucho que mi patrón llegue a esa edad, seguramente su último aliento lo echará viendo la celda de su prisión.

Raul Tacchuella

16 A modo de conclusión, el fin de una era

Ahora solo me queda la memoria para regresar sobre mis años y rememorar todo lo que pasó. Aún recuerdo con una sonrisa los cumpleaños que pasamos cuando alquilábamos un piso entero en un hotel de Cali y teníamos a baladistas famosos o a grupos de salda.

Ni hablar de las mujeres, hermosas todas, en las fiestas no podían faltar, esas que se deslumbraban con nuestros excesos, que le dábamos una joya o cualquier cosa y hacían lo que les pidiéramos.

Teníamos pasarelas para que nos desfilaran y luego escogíamos la que más nos gustara y pasaban la noche, mujeres que no le conocimos ni el nombre, pero se comportaban como las más dulces novias enamoradas que hacían cualquier cosa que le pidiéramos.

Mis mejores rachas de sexo las tuve en esas épocas, mujeres que hacían lo que nunca le pediríamos a nuestras esposas.

También recuerdo el ingenio de las caletas, eran joya de nuestra opulencia, ocultas al punto que nadie encontró una, salvo quienes la conocíamos. Tendrían que tirar una propiedad abajo para poder dar con esas caletas.

Claro, las caletas se construyeron con sangre, porque la peor parte de esto era tener que matar a los constructores que hacían las obras. Como alivio para la consciencia siempre le dejamos una buena plata a la familia, pero la caleta era un tesoro, no podíamos dejar cabos sueltos que luego hablaran.

Acabo de reír, recordé que en la vía Panorama, paralela a la Cordillera Occidental del valle, muchas noches la cerramos para usarla de pista improvisada de avionetas que llevábamos, así como dinero y hasta armas.

Cuando éramos los amos de Cali hasta los taxistas eran nuestros ojos, especialmente vigilando a enemigos de Medellín, desde el aeropuerto, hoteles y otros puntos ya nos informaban la presencia de personajes sospechosos. Cuando pescábamos a alguien lo picábamos y para el río.

Algunos se nos escaparon, no era un enemigo fácil Escobar, pero le ganamos ¿o no?

Bueno, esta guerra fue sangrienta, dejó por lo menos veinte mil muertos y 5200 de esos policías, pero nosotros no tenemos ni el 10% de responsabilidad, todos son del Cartel de Medellín.

Increíble pensar que un hombre que entró en el negocio con un pequeño monomotor y que luego tenía una flotilla de aeronaves que procesó coca, sea la leyenda viva que es hoy. Comenzamos desde abajo, desde trabajos pequeños, descalzos y con el hambre tatuada en las costillas hasta ser empresarios sólidos y respetados en Cali. Cuando nos nombran siempre primero dicen "respetados empresarios" y luego ponen narcotraficantes. Eso no se gana fácil, cuando hablan de Escobar dicen criminal, psicópata, demente, bestia, pero nada bueno, a veces al final dicen que un gran estratega, pero no, no era tan bueno como muchos creen.

Nosotros fuimos distintos, con mirada gerencial, montamos una red capaz de lavar miles de millones de dólares anuales, moviendo un alto porcentaje de la droga que se consumió en Estados Unidos y Europa.

Gilberto no era un hombre que le gustara la violencia, al contrario, compró muchas voluntades, políticos, periodistas, policías, militares, empresarios, casi que toda Cali estaba en nuestra nómina. Metimos campañas fuertes en congresistas y muchos presidentes, que como dejé claro en su momento, Samper fue apenas uno más.

Otra cosa que tuvimos nosotros, al menos los de arriba, no Salcedo, Pallomari o Gómez, es que no hablamos, los hermanos no hablaron ni delataron a nadie. Diría Gilberto:

"Amigos personales que sus nombres no los quiero mencionar. No por rebeldía hacia usted (fiscal del caso) o hacia la justicia, sino simplemente porque tengo una familia de la cual hacen parte más de 100 personas, entre hijos, sobrinos, nietos y hermanos, y estos correrían grave peligro de muerte en el momento en que yo llegue a señalar a algunas de estas personas con nombre propio..."

Solo contó cómo hacíamos las cosas en su momento:

"La madera, al principio, se compraba en Buenaventura, se llevaba a Cali, se le hacía un trabajo de cepillado y escogencia. Se abría el tablón por la parte superior, sacando un listón de aproximadamente un centímetro. Se hacía un hueco en donde se podía meter una caja plástica con un kilo de cocaína. Después se ponía el listón nuevamente, se le echaba un pegante especial para madera y se prensaba y se cepillaba".

Recuerdo que dejábamos esa madera invisible, sin detalles de que hubiera una puerta escondida en ese listón, metíamos apenas como tres tablas para mandar la droga y la recibían en empresas legales en Estados Unidos. Todo perfecto.

Los primeros embarques fueron tímidos, a ver cómo nos iba, luego fueron ambiciosos, lanzamos operaciones complejas, aviones cargados de droga desde pistas clandestinas de los Llanos Orientales y de la Guajira colombiana para aterrizar en aeropuertos de 800 metros en Sam Pedro de Sula en Honduras.

Traficantes contratados llevaban la droga a una bodega donde la camuflaban y seguían a Estados Unidos.

Volamos a Guatemala, Panamá, México, metimos droga en verduras, postes, café, todo terminando en Nueva York, Miami, Los Ángeles, Houston, Chicago y Nueva Orleans.

Con el trabajo duro llegamos a tener alianzas poderosas con la mafia peruana y boliviana, mandando mucha coca para nosotros y también mandaban a los carteles de México, como los de Juárez, Sinaloa y El Golfo, incluso con el desaparecido capo Amado Carrillo, el famoso Señor de los Cielos.

Estas alianzas nos llevaron a ser líderes del narcotráfico. Llevando muchas más toneladas que Escobar y coronando muchos más en tierra gringa que ellos, ni hablar de lo que llevamos a Europa.

El hombre que dependía de ganar propinas por la entrega de medicamentos, fue el hombre más rico de Colombia y de los primeros en la lista Forbes.

Gracias a la gran cantidad de sobornos construimos nombre, dinero que llegó a la democracia de Colombia. Congresistas que ganaron mucho dinero y que, por supuesto jamás pagaron un día de cárcel y ni siquiera un regaño, porque aquí podrán decir mucho que nosotros éramos los malos, pero muchos de cuello blanco fueron peores que nosotros y ahí están, como grandes figuras respetables de la sociedad colombiana.

Gente que pusimos en el poder que luego nos clavó la guadaña, para no ir lejos: Samper. Sin nosotros ese viejo jamás hubiera llegado a ser presidente, pero nos pagó capturándonos.

Ahora vivimos en el anonimato, por lo menos yo, tengo algunas responsabilidades que no diré porque sería carne para las autoridades, pero no me he desligado de la organización y aunque no procesamos droga, sí quedan algunas cosas por hacer y trabajaré por ellas hasta mi último aliento, desde el anonimato, con un nombre que nadie conoce, ni siquiera es el nombre que aparece en la tapa de este libro y libre, como muchos, figura viva del Cartel de Cali, una organización que dejó una huella imborrable en Colombia y al que muchos políticos y gente de la alta esfera le debe su posición actual.

Podrán decir mucho de nosotros, pero eso nunca lograrán contradecirlo.

Más del autor

Nuerstro BestSeller El patrón

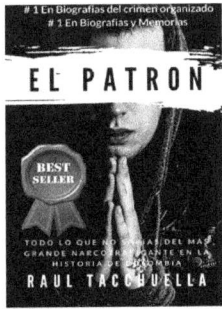

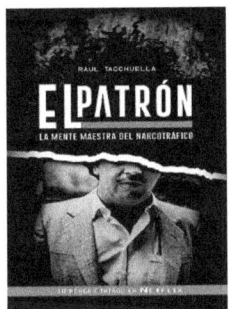

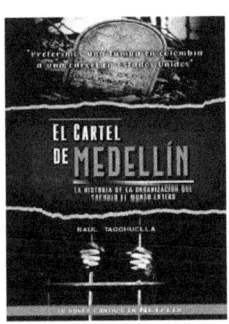

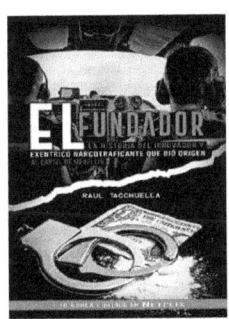

www.ingramcontent.com/pod-product-compliance
Lightning Source LLC
Chambersburg PA
CBHW050243220526
45465CB00002B/529